Johann Peisker

Die Knechtschaft in Böhmen

Eine Streitfrage der böhmischen Sozialgeschichte

Johann Peisker

Die Knechtschaft in Böhmen

Eine Streitfrage der böhmischen Sozialgeschichte

ISBN/EAN: 9783743394179

Hergestellt in Europa, USA, Kanada, Australien, Japan

Cover: Foto ©Suzi / pixelio.de

Weitere Bücher finden Sie auf **www.hansebooks.com**

Die

Knechtschaft in Böhmen.

Eine Streitfrage

der böhmischen Socialgeschichte.

—

Gegen

Herrn Julius Lippert

von

J. Peisker.

Prag.

In Commission von Fr. Řivnáč

1890.

Unter dem angeführten Titel brachte die „Bohemia" (1890 Nr. 1, 3, 10, 13, 16, 35, 36, 55, 1. Jäner bis 25. Feber*) eine hochinteressante Artikelserie von dem geschätzten Kulturhistoriker Herrn Julius Lippert.

Die vergleichende Kulturgeschichtsforschung, zu welcher auch Herr J. L. Namhaftes beigetragen, hat es bereits zur Gewißheit erhoben, daß alle Kulturvölker, so entfernt von einander sie auch siedeln mögen, eine ganze Reihe derselben Entwickelungsstufen haben durchlaufen müssen, das eine schneller, das andere langsamer, je nach den Verhältnissen, namentlich der Nachbarschaft. Einzelnen Völkern eine Ausnahmsstellung anzudichten, erscheint von Tag zu Tag geschmackloser.

Böhmen ist keine Insel im weiten Ocean, seine Bewohner bildeten keinen, seit dem Anfange der Dinge isolirten, unbeeinflußten Organismus. Das Volk der Böhmen besitzt, wie jedes andere, zahlreiche, nähere und entferntere Verwandte, mit denen es einst der Reihe nach auf derselben Entwicklungsstufe gestanden, dieselben Gesellschaftsformen getheilt hat.

In seiner neuen Heimat, in Böhmen, fand es keineswegs ein Land vor, dessen Lage, Klima und Fruchtbarkeit merklich anders beschaffen wäre, als die der Nachbarländer, es fehlt somit der einzige Anhaltspunkt zu der Annahme, daß das altböhmische Volk in seiner Reifung den übrigen Nachbaren namhaft je vorangeeilt wäre.

Eine richtigere Erkenntniß der ältesten Zustände einzelner europäischen Völker ist aber sehr jungen Datums, sie kann somit nicht als Maßstab dienen für die Werthschätzung auch der glorreichsten älteren Forscher, welche von ihr noch gar nichts haben ahnen können

---

*) Der Kürze wegen werden wir „Bohemia" mit „B." citiren. Die erste Ziffer wird die Nummer, die zweite Ziffer die Spalte angeben. Hr. L. = Herr Lippert.

„Die Forschungen dieser Gelehrten — sagt ganz richtig Hr L. („B". 1, 3.) — fielen in eine Zeit, welche den Grundsätzen der Entwickelungstheorie noch keinen Eingang gestattet hatte. Man faßte die Völker als gleichsam von der Natur selbst geschaffene Typen mit präbestinirten und unveränderlichen Nationalcharakteren."

Als der große Historiker Palacký zur Schilderung der ältesten Kulturzustände des böhmischen Volkes schritt, fand er keine Vorarbeiten, keine Vorbilder vor.

Alles, was er über die ältesten deutschen Volksorganismen wissen konnte, stach so gewaltig von jenen Nachrichten ab, welche uns über die alten Slaven überliefert worden sind.

Die vollständigste Organisationslosigkeit, das Fehlen jeder Spur irgend einer, wie immer gearteten Staatsform, das ausgesprochenste, bis ins kleinste Detail durchgearbeitete Familienleben, Ueberfluß an Freiheit, Mangel an geknechteten Volksklassen, kurz Alles, was uns die Byzantiner und die deutschen Zeitgenossen mehr oder weniger Genaues über die alten Slaven berichten, verglichen mit den Zuständen der heutigen Südslaven, mußte nothwendig jene Anschauung zeitigen, welcher Palacký im 1. 1836 erschienenen Bande seines Werkes Ausdruck gab.

Wohl kannte und citirt Palacký von Wort zu Wort alle Daten, welche nun Hr L. gegen ihn anführt, und aus denselben Quellen, aus welchen Hr L. herausliest, daß es bei den alten Böhmen — keine freien Volksmassen gegeben hat, suchte Palacký zu begründen, daß ein angeborenes Sclaventhum den alten Böhmen ursprünglich fremd gewesen ist.

Wie kommt es nun, daß Palacký trotz der stattlichen Anzahl von gleichzeitigen Nachrichten über wirkliche Sclaverei zu einem so entgegengesetzten Schluße gerathen ist? Hat er etwa die Nachrichten verdreht, die Geschichte gefälscht? Oder liegt der Zwiespalt zwischen ihm und Herrn L. vorerst in einem Mißverständnisse?

Und in der That war für Palacký — wie für alle seine Zeitgenossen — der Begriff der Knechtschaft, um mit Hrn L. zu reden („B." 3, 2.), unzertrennlich von dem Gedanken an Kettengerassel und Peitschenhiebe. Diese Attribute fand er aber bei den altböhmischen Knechten keineswegs vor, sondern im Gegentheile bestimmte Nachrichten, daß sogar einem vom Galgen begnadigten und zur Knechtschaft verurtheilten Verbrecher eine solche Existenz nicht nur belassen, sondern vielmehr geschaffen wurde, um welche ihn mancher Bauer knapp vor dem Jahre 1848 beneidet hätte.

„In den alten Urkunden" — schreibt Palacký I. 2. S. 270**) — „stoßen wir auf Nachrichten über die Klasse her Leibeigenen, welche weder Eigenthum noch persönliche Freiheit besaßen; sie werden gewöhnlich servi oder mancipia genannt; und unter diesen Ausdrücken wurden bei den deutschen Völkern Menschen bezeichnet, nicht nur politischer und bürgerlicher Rechte, sondern auch der Menschenrechte bar, indem sie wie ein Vieh oder eine beliebige andere verkäufliche Sache behandelt wurden. Nichtsdestoweniger, wenn man aufmerksamer die in den altböhmischen Urkunden über sie enthaltenen Nachrichten — Palacký citirt hier alle bis jetzt bekannten Urkunden, in welchen von Leibeigenen die Rede ist — betrachtet, wird es uns schwer, ein Bild in ihnen zu erblicken, wie es von den Leibeigenen bei den Deutschen bekannt ist. Denn ihre Pflichten den Herren gegenüber finden wir bestimmt bemessen, den Pflichten der Lehenträger und Zinsbauern gleich, so daß der Unterschied zwischen diesen und jenen unseres Erachtens in nichts anderem bestanden hat, 's daß den Leibeigenen nicht freistand, ihren Herrn zu verlassen und anderswohin zu ziehen. Es ist zwar kein Zweifel, daß kriegsgefangene Feinde verkauft und zum Tode verurtheilte Verbrecher zur erblichen Leibeigenschaft verdammt wurden: und doch ist es nicht weniger gewiß, daß alle Zeichen und Spuren der Leibeigenschaft immer wieder in Böhmen schwanden, so daß es schien, als wenn die Leibeigenschaft auf böhmischem Boden nicht Wurzel fassen und gedeihen könnte. Verträge, wem die Kinder von Leibeigenen zufallen sollten, wenn Vater und Mutter verschiedenen Herren gehörten, haben sich von jenen Zeiten in deutschen Ländern ziemlich zahlreich erhalten: hierzulande aber finden wir keine Spur von ihnen vor, weder in Urkundensammlungen noch in alten

---

**) Wir citiren die böhmische Ausgabe seiner „Dějiny národa českého" vom Jahre 1862, weil sich auch Hr. L. auf dieselbe beruft, mit der Abkürzung I. 1. 2 (I. Theil, 1. 2. Abtheilung).

Formelbüchern. Desgleichen gibt es aus Böhmens und Mährens Vorzeit kein Beispiel von dem Wergelde; und es ist bekannt, daß namentlich durch das Wergeld erbliche Ständeunterschiede bezeichnet und bekräftigt wurden. . . . Schon im 13. Jahrhundert verschwand in unseren Urkunden jede Nachricht über Leibeigene, so daß ein bedeutender und ernster Schriftsteller des XIV. Jahrhunderts (Kunesch von Trebople) versichern konnte, daß man von persönlich unfreien Menschen in Böhmen, außer aus der Geschichte, absolut nichts wisse. Und es ist gewiß, daß es auch in älteren Zeiten jedem Leibeigenen freistand, nicht nur sich loszukaufen, sondern auch den niederen Adel zu erringen. . . ."

Namentlich hebt Palacký (I. 1. S. 185—186) das hervor, „daß in den ältesten slavischen Geschichtsquellen . . . nichts vorkommt, was als stete, erbliche Herrschaft einer Bevölkerungsklasse über die andere gedeutet werden könnte" . . . „Beispiele dessen treffen wir noch heutzutage bei den transdanubischen Serben und Montenegrinern, bei denen man vergeblich nach politischen Ständeunterschieden fahnden würde."

Palacký konnte es nicht entgehen, daß die Worte der Urkunden, nach welchen der Landesfürst den oder jenen Volksgenossen zum Sklaven gemacht, denn doch zur Voraussetzung haben, daß die Volksmasse, aus deren Mitte Einzelne „mancipirt" worden sind, nicht als ein Volk von Knechten zu denken ist, denn sonst hätte der Landesfürst nicht — wie es urkundlich feststeht — einzelne, in vielen Ortschaften zerstreute Menschen mancipiren müssen und hätte ganze Menschengruppen auf geschlossenen Gebieten in die Sclaverei schenken können.

* * *

Solche, nur in urkundlichen Nachrichten fußende Fragen, Meditationen und Controversen bildeten zur Zeit Palacký's in der ganzen Weltliteratur die einzige Rüstkammer der Forschung und auch Hr L. selbst ist in ihrem Kreise ganz und gar festgebannt.

In dieser Rüstkammer wird bereits seit einem halben Jahrhundert bei den Deutschen ganz gehörig aufgeräumt. Neue Methoden wurden erdacht, neues Beweismateriale dort entdeckt,

wo man es früher am allerwenigsten suchen zu dürfen
glaubte. Die Präbestination der Völker, an welcher auch Pa=
lacký festgehalten, verlor jeden Anhaltspunkt, aber Palacký's
Darstellung der ältesten böhmischen Zustände bleibt im Ganzen
und Großen auch heute noch unerschüttert und zeugt von einer
ausnehmenden Feinfühligkeit seines historischen Instinktes.

Auch den Deutschen weisen die ältesten Geschichtsquellen
eine Stellung zu, welche im Vergleiche mit jener der anderen
Völker auf den ersten Anblick als eine beispiellose Ausnahms=
stellung angesehen werden muß.

Die Gruppirung der Volksmassen ist nach der bisheri=
gen Deutung der Angaben Cäsars und Tacitus' eine solche,
daß sie sich mit dem Begriffe des Familienverbandes, welchen
man denn doch k e i n e m Volke absprechen kann und welcher
eben bei den alten Slaven und den heutigen Südslaven so
ausgeprägt ist, schlechthin nicht verträgt. Man lese nur:

Caesar de bello Gallico VI. 22.: Nequequisquam
agri modum certum aut fines habet proprios; sed magi-
stratus ac principes in annos singulos gentibus c o g n a-
t i o n i b u s q u e h o m i n u m q u i u n a c o i e r u n t
q u a n t u m et quo loco visum est agri attribuunt atque
anno post alio transire cogunt.

Tacitus Germania c. 26: agri pro numero cultorum
ab universis in vices occupantur quos mox inter se s e-
c u n d u m d i g n a t i o n e m partiuntur. facilitatem par-
tiendi camporum spatia praebent: arva per annos mutant
et superest ager.

Nach der bisherigen Auffassung der beiden Stellen war
das Verhältniß des germanischen Volksgenossen zum Volks=
land genau dasselbe, wie jenes des großrussischen D o r f genossen
zur Dorfmark in der berühmten, nun bereits als n i c h t alt
erkannten „Mir"=Verfassung oder Dorfkommunion. Gerade so,
wie in dieser, wurde in der altgermanischen Volkskommu=
nion der Boden pro numero cultorum — nach Kopfzahl —
getheilt und gewechselt; dies ist die bisher herrschende
Meinung.

Wie fügten sich nun in dieses Zahlensystem die unent=
behrlichsten Familienbande?

Diese Frage beantwortete Hanssen:

Das agrarische Gesammteigenthum, wie es sich noch auf dem Trierischen Hochlande und der Nachbarschaft noch im jetzigen Jahrhundert erhalten hat, veranschaulicht unmittelbar den Zustand des Agrarwesens, welcher eintrat, als der von Cäsar und Tacitus beschriebene Wechsel der Wohnsitze und Feldmarken aufhörte.

Die Trierische Gehöferschaft ist eine agrarische Genossenschaft mit dem Gesammteigenthum ihres ganzen Grundbesitzes an Feldgärten, Aeckern, Wiesen und Waldungen unter periodischem Wechsel der Interessenten in der privaten Nutzung der Ländereien auf Grund erneuerter Verloosungen, soweit nicht eine gemeinsame Nutzung derselben stattfindet.

Das echt deutsche Gewannendorf hat dieselbe zahlenmäßige Struktur, dieselbe Art der Feldeintheilung, wie die Trierer Gehöferschaft und zeigt jenes Bild noch heute vor, welches es bei dem letzten periodischen Wechsel der Interessenten erhalten hat.

Diese Theorie Hanssen's führt zum Schluße, daß die deutsche Gesellschaftsform seit den ältesten Zeiten sich auf Grundlage der Geschlechtsassociation entwickelt hat und die Familienbande gar nicht berücksichtigte, indem alle Geschlechtsgenossen in der Feldgemeinschaft und bei Theilung derselben gleichberechtigt waren.

Altmeister Hanssen hat der Durcharbeitung seiner Theorie sein ganzes Leben geweiht [1]) und dieselbe so glänzend begründet, daß sie als unerschütterlich gelten konnte. Da trat der jugendliche Lamprecht mit seinem großartigen Werke [2]) vor und bewies, daß die Gehöferschaft keine Fortsetzung und kein Ueberrest germanischer Feldgemeinschaft, vielmehr ein relativ junges Gebilde sei, welches für das Verständniß urzeitlicher Zustände nur wegen gewisser Einzelanalogien von Wichtigkeit sein könnte. (I. 1. S. 445.)

Nun ist die deutsche Gewannenhufenverfassung ohne aufgeklärten Anfang und das Taciteische Zahlensystem ohne auf-

---

[1]) Seine gesammelten „Agrarhist. Abhandlungen" sind 1880—1884 zweibändig in Leipzig erschienen.
[2]) „Deutsches Wirthschaftsleben im Mittelalter", Leipzig 1885—1886 in 4 starken Bänden.

geklärtes Ende. Aber die Solidität der Auffassung Hanssens wirkt so überzeugend, daß die durch Lamprecht geschlagene Bresche heute noch nicht wahrgenommen wird.

Ueber die Angaben des Cäsar und Tacitus äußert sich Lamprecht nicht, aber daß er dem richtigen Wege sich nähert, zeigt folgende bemerkenswerthe Stelle (I., 1., 41.): „Wenn Freiheit zur Bebauung des Grund und Bodens im Rahmen der wirthschaftlichen Gesammtorganisation des Volkes berechtigte, so könnte es zunächst als die natürlichste Annahme erscheinen, daß jeder freie Haussohn beim Eintritt seiner Selbstständigkeit von der Markgenossenschaft ein gleiches Los — sors, Erbe — angewiesen erhielt, wie die übrigen Freien es besaßen. Allein die Zeiten solcher Landesverschwendung können nicht lange gedauert haben, wenn sie überhaupt je existirten. Die Sal. kennt sie schon nicht mehr .. es ist ausdrücklich durch den Zusatz der Sal. qui fratres fuerint, betont, daß alle Brüder gleichmäßig in das Landeigen von Vater und Großvater hereintreten."

Die jetzt so fleißige Pflege der vergleichenden Rechtsgeschichte bringt jeden Augenblick neue Aufschlüsse über die von einander entferntesten Völker des Erdballes, aber sie hat noch kein Volk entdeckt, welches sich einer Organisation ursprünglich je erfreut hätte, wie sie noch Lamprecht bei den alten Germanen zuläßt und an welcher auch Meitzen [1]) noch festhält.

Dieser Umstand allein macht die bisher beliebte Erklärung der obangeführten Taciteischen Stelle außerordentlich bedenklich.

Dem, was Tacitus über die Germanen c. 26 sagt, schließt sich die Mittheilung des Augenzeugen John Davies über die ebenfalls genau zahlenmäßige irische Sippenverfassung (Anf. d. 17. Jahrh.) eng an:

„Nach dem irischen Herkommen des gavelkind (d. h. gleicher Erbrechte) waren die geringeren Güter unter alle Männer der Sippe (sept) theilbar; und wenn nach vollzogener Vertheilung ein Angehöriger der Sippe starb, so fiel

---

[1]) „Festgabe für G. Hanssen". Tübingen 1889. S. 8, 19. 20.

sein Antheil nicht an seine Söhne, sondern das Haupt der Sippe veranstaltete eine neue Vertheilung aller Ländereien, die jener Sippe angehörten, und gab jedem seinen Antheil nach seinem **Alter (antiquity)**"[1]

Unter „antiquity" kann nichts anderes verstanden werden, als der durch die Höhe der Parentel bestimmte Rang des Sippengenossen. **Der Oheim nämlich erhält so viel Land zur Nutznießung, wie alle Söhne seines Bruders zusammen** Die Söhne erben die Quote des Vaters zu **gleichen Theilen**. Tritt nach dem Tode eines Genossen eine neue Theilung ein, erhält jeder der Lebenden nicht mehr und nicht weniger, als er früher besessen und jeder der Söhne des Verstorbenen erhält ebenso **viel** bei der Theilung des ganzen Sippenlandes, als er erhalten hätte, wenn blos der Besitz des verstorbenen Vaters getheilt worden wäre. Die Größe der Quote ist fest, unter die **Nachkommen** des Besitzers theilbar und nur der reale Besitz wechselt.

Wozu also Wiedervertheilungen? Das Anwachsen der Population erfordert fortgesetzte Erweiterung der Feldmark und nach Erschöpfung des Vorrathes von Grund und Boden gesteigerte Intensität des Anbaues.

Das **Wie** dieser Vorsorge ist in's Auge zu fassen:

Für die Annahme, daß irgendwo und irgendwann es eine gemeinfreie Volksgemeinschaft ursprünglich gegeben hat, wird die Sache dahin zurechtgelegt, daß für die jüngeren Söhne neue sortes aus der Mark ausgeschieden wurden, während der Aelteste des Vaters **ganze** sors erhielt; dadurch könne auch der Ursprung des Erstgeburtsrechtes seine Erklärung finden. (Lamprecht I. 1. 41.)

Sogar innerhalb einer so gestalteten Volksgemeinschaft wäre ein solcher Vorgang sehr fraglich und viel eher anzunehmen, daß man die alten sortes unter **alle** Söhne gleichmäßig theilen ließ und die so entstandenen Theilsortes durch neue Gewannenroden, von welchen **alle** Markgenossen gleiche Theile erhielten, vergrößerte; um aber einer weitergehenden Bodenzersplitterung des alten Bestandes auszuweichen, nahm man lieber eine Wiedervertheilung der ganzen abzusteckenden Feldmark — der alten sortes **und** der neuen Ueberschar — vor, wodurch sich der ursprüngliche Zweck der Gehöferschaft vielleicht erklären ließe. Auch würde durch einen solchen Vorgang die mit Aufbruch des Rottlandes verbundene Schweißarbeit unter **alle** Markgenossen gleichmäßig ver-

---

[1] Seebohm: „D. engl. Dorfgemeinde", übers. v. Bunsen, Heidelberg 1885. S. 146.

theilt, während sonst nur die Zweitgeborenen dazu verdammt wären, was mit den „gleichen Anrechten aller Markgenossen" kaum in Einklang gebracht werden könnte.

Bei den freilich viel jüngeren Waldhufendörfern ist die Ueberschar leicht erkennbar; während die ursprünglichen Hufen der Länge nach halbirt oder geviertheilt in geschlossenen Streifen liegen, besteht die Ueberschar aus einer Anzahl von Gewannen.

Alles das hat zur Voraussetzung, daß **alle** Genossen **gleiche** Besitzanrechte an die Dorfmark haben. Man ist bemüht, diese Anrechte bei den Germanen in urgeschichtliche Zeiten zu rücken.

Auf die — sit venia verbo — Sippenmark haben jedoch nicht die Genossen, sondern die — sei es ächten, sei es fingirten — Verwandtschaften nach der Skala der Parentelen gleiche Anrechte, sie ist somit schon im vorhinein zur Vertheilung nach genau berechneten und unwandelbaren Quoten und Subquoten bestimmt, ja sie ist ebenso gut, wie das bisherige Kulturland, eine terra aviatica und das umsomehr, als sie selbst gewesenes, ausgesogenes, derzeit ruhendes Kulturland ist; in der That findet man gar manchenorts, wo man berechtigt ist, uralte, aus der Zeit extensiver Wirthschaftsformen herrührende Siedelungen zu suchen, in Wäldern und auf so steilen Abhängen, wo ein Pfluggespann kaum vorwärts käme, Ackerfurchen, zum Beweise, daß man periodisch auch zu den am wenigsten fruchtbaren Strecken greifen mußte, weil die besseren Ländereien derzeit erschöpft waren.

Bei jedem Wechsel der Feldmark mußte daher jeder Sippe, innerhalb derselben jedem Geschlechte, innerhalb desselben jeder Hausgemeinschaft eine verhältnißmäßige, festbestimmte Quote **neu** aufgemessen werden.

In dem unvordenklich übervölkerten Irland war zur Zeit Davies' von einem Wechsel der Feldmark längst keine Rede mehr, die Wiedervertheilungen sind hier durch das Heimfallsrecht der Sippe, das denkbar umfangreichste.

Dieses Heimfallsrecht aber ist keineswegs ein Residuum etwa eines vorzeitlichen, unumschränkten Verfügungsrechtes der Sippe oder ihres Oberhauptes über die Feldmark, denn ein so geartetes Verfügungsrecht hat es nie geben können.

Im Gegentheil, es ist das Recht jeder Hausgemeinschaft, innerhalb ihrer Sippe, und dieser gegenüber, auf die nach dem Verwandtschaftsgrade beim Wechsel der Feldmark ihr zuzumessende Quote, woraus sich die von Davies geschilderten Zustände entwickelten und deswegen so lange lebendig erhielten, weil der heimgefallene Antheil eines ohne Hinterlassung eines Sohnes verstorbenen Genossen thatsächlich nicht für sich allein, sondern mitsammt der ganzen Feldmark unter die übrigen Genossen stufenweise vertheilt werden konnte. In diesem Falle allein wurde jeder einzelne Antheil größer; kleiner, als er vor der Neuvertheilung war, konnte er **nie** ausfallen.

Nur das bleibt ungelöst, warum jeder Todesfall eine Neuvertheilung nach sich gezogen hat.

Daß die Iren nach dem Grade der Blutsverwandschaft und nicht nach der Geschlechtsangehörigkeit das Land periodisch vertheilten, ergeben auch noch zahlreiche Feldmarken, von denen Seebohm (Tafel IX. und X.) Proben vorführt. Von Gewannen ist da keine Spur, wir finden nur nach allen Richtungen zerbrochene Blöcke vor. Das irische Flurkartenbild Tafel X. ist dasselbe, wie das von Domnowitz in Schlesien (Cod. dipl. Sil. IV.) und von zahlreichen Sippendörfern Böhmens; das irische, wie das slavische Sippenland kennt keine Mark; Alles ist in Sondereigen aufgetheilt.

Der Schwerpunkt des Berichtes von Davies ruht in dem Worte „antiquity".

Nach Tacitus theilten die Germanen „secundum dignationem".

Wir meinen, daß der Sinn dieses Terminus derselbe ist, wie bei dem obigen „antiquity".

Darnach wäre die ursprüngliche altgermanische Volkskommunion in so viele, gleich große, festbegrenzte sortes getheilt, als es Genossen zur Zeit der Eroberung gegeben hat. In der Nutzung der sortes wechselten die Genossen periodisch ab. Die einstigen ersten Genossen wurden zu Ahnen; alle Nachkommen desselben Ahnen waren durch diesen beim Wechsel der sortes repräsentirt und bezogen eine dieser sortes, welche sie secundum dignationem, nach dem durch den Verwandtschaftsgrad bedingten Range unter sich theilten.

Dies wäre nicht auf die Germanen und Iren allein beschränkt, denn auch der Pendschaber vesh ist nichts anderes: periodischer Wechsel der Nutzungen an Grund und Boden nach dem Grade der Blutsverwandschaft innerhalb einer ganzen in Sonderfamilien verzweigten großen Sippe.[1]) — Die Israeliten vertheilten das Gelobte Land nach Kopfzahl der Waffenträger[2]); da sie aber fortan nur die Descendentalerbfolge kannten und Wiedervertheilungen bei ihnen nie vorkamen, war ihnen später jene Zumessung pro capite nicht mehr faßbar und sie behaupteten dann, im Einklange mit Gen. 48, 22., steif und fest, daß Josua das Land in stirpes aufgemessen hat.[3]) Dem widersprechende Thatsachen rechtfertigten sie durch andere Gründe[4])

---

[1]) Kohler i. d. „Zeitschr. f. vergl. Rechtswissenschaft" VII. 1887 S. 166, 173.
[2]) Num. 26, 53—56.
[3]) Jos. cap. 18.
[4]) Jos. cap. 13—17.

und hoben namentlich den erbrechtlich maßgebenden Unterschied zwischen terra aviatica und Rottland hervo r.¹)

Eine absolute „Feldgemeinschaft" kommt auf dem Erdballe, soweit die Nachrichten reichen, in der Gegenwart und in der Vergangenheit nirgends ursprünglich vor. Ueberall finden wir, daß der Genosse nicht als gleichberechtigtes Sippenmitglied, sondern durch seinen Vater, mit seinen Brüdern gemeinschaftlich, Ansprüche auf eine Quote hat und es ist nicht mehr zweifelhaft, daß große, ungetheilte Sippen mit gemeinschaftlichem Ackerlande in das Reich der Fabel gehören.

Lamprecht hat unendlich viel durch scharfe Auseinanderhaltung der „hereditas", Erbland, von der „terra", Rottland, geleistet und er hat nicht weit zur Ergründung, daß auch das Gewannenhufendorf auf der „terra" seine Wiege hat, denn die h e r e d i t a s kann aus sich selbst ein H u f e n d o r f n i c h t zeitigen, sondern nur, auf Grund des Descendentalerbrechtes, ein blockartiges Dziedzinendorf, d. i. ein Gebilde, wie es Meitzen an Domnowitz (Cod. dipl, Sil. IV) und Seebohm Taf. IX. und X. an irischen Feldmarken graphisch dargestellt haben. Es ist möglich, daß derlei in der Eifelgegend (Lamprecht I. 1. S. 365) vorkommt. Aber auch wenn Aehnliches in Westdeutschland nicht mehr aufgefunden werden könnte, genügen die von Lamprecht besprochenen und so besprochenen Erbregeln vollkommen, wenn man nur zwischen Abgetheilten und Nichtabgetheilten genau unterscheiden und das Heimfallsrecht der vicini darnach behandeln wird.

Wie behandelten die vicini das Heimgefallene? Vertheilten sie es in capita der Markgenossen: dies möchte allmälig die Gleichheit der Besitzeinheiten und die Gewannenhufenverfassung vorbereiten, — oder vertheilten sie es vielmehr secundum dignationem, antiquity? Dann lägen erst recht den irischen ähnliche Zustände vor.

Es ist merkwürdig, daß sich die deutsche Wissenschaft puncto Associationsdorf und Sippendorf hat von ihrer viel jüngeren russischen Kollegin nicht nur überflügeln lassen, sondern daß sie auch jetzt noch mit einem angeblich ursprünglichen Associationsdorf rechnet, welches in der russischen Wissen-

---

¹) Jos. 17, 14—18.

schaft bereits ein längst überwundener Standpunkt ist. Diese literarische Thatsache bildet zugleich so recht einen Maßstab für den hohen Glanz der Leistungen Hanssens.

Diese Abschweifung von unserem Thema in das germanische Gebiet geschah theils im Interesse unserer Streitfrage selbst, theils wollten wir dadurch zeigen, daß Palacky's Auffassung altböhmischer Volkszustände nicht so schwach — wie Hr L. meint — dasteht im Vergleiche zur deutschen Geschichtsforschung mit ihrem so stattlichen Quellenmateriale.

* * *

Seinen Beweisversuch, daß am Anfang der geschriebenen Geschichte so ziemlich der **ganze** Grund und Boden dem Landesfürsten widerspruchslos gehört habe, somit ein freier Grundbesitz der Volksgenossen im 10. bis 12. Jahrh. eine — Fabel sei, stützt Hr L. folgendermaßen:

„Wenn wir auf einer Karte der weitesten Umgebung Prags, in der dann eine ganze Menge einst selbständiger Gaue einbezogen erscheinen, die Ortschaften bezeichnen, die nach urkundlichem Nachweise um jene Zeit aus des Fürsten Hand geschenkweise mit allem Grund in eine andere übergingen, so erscheint der nicht verschenkte Boden nur in kleinen Inseln dazwischen; ein Beweis also, daß auch hier — und in anderen Gauen ist Aehnliches nachzuweisen — bereinst so gut wie aller Grund und Boden dem Landesfürsten gehörte. Der ungebaute Boden, Wald und Wasser, Alles, was im Gegensatze zur „Dědina" die „Občina" einschloß, war grundsätzlich sein Eigenthum. Dieser Uebergang alles Grundes — das Verhältniß der Adelsherren zu ihrem Grunde muß dazu in Parallele gestellt werden — an den Einen Herrn kann nur aus den Verhältnissen der ehemaligen Hausgenossenschaft abgeleitet werden. Der ehedem aus der ganzen Genossenschaft gewählte „Starost" verfügte über die Nutznießung am ganzen ursprünglich der Gesammtheit gehörigen Grunde. **Mit der an eine einzelne Sonderfamilie erblich übergegangenen Starostenwürde blieb auch die Verfügung über den Boden dieser allein, und das Verfügungsrecht wurde in ununterbrochener Fortdauer durch die Generationen zum Eigenthumsrechte.** In dieser Lage finden wir den Grund und Boden in Böhmen im 10., 11. und 12. Jahrhunderte, und wenn es Ausnahmen gegeben haben sollte, so können die nicht größer, wohl aber nur kleiner sein, als die unbezeichneten Lücken auf der vorerwähnten Karte." („B." 1, 2.)

Palacký's Darstellung dieses Gegenstandes wolle man in seinen „Dějiny" 1862 I. 1. S. 183—186, 198—200, I. 2. S. 233, 261 nachschlagen. Es wird hier das bereits in der ersten deutschen Auflage (1836) Enthaltene ausführlicher und mit Belegen versehen wiedergegeben.

Das Scheidungs p r i n z i p besteht darin, daß Palacký der hereditas, „dědina", Erbland, die erste Stelle zuweist, während Hr L. die hereditas für ganz und gar bedeutungslos hält und ihr jedes Gewicht im socialen Leben abspricht, denn er sagt weiter („B." 16, 4): „Vollends erwiesen aber erscheint uns diese untergeordnete Stellung der „heredes", in denen einige die altčechischen Gemeinfreien entdeckt haben wollen, dadurch, daß gelegentlich Leute unter dem Namen heredes gerade so bedingungslos verschenkt werden, wie andere „homines" — „Ceterum duos heredes nostros ... addidimus" (Erben 1205 p. 222) und („B." 13, 2): „So haben wir in Böhmen **allen** Grund und Boden am Beginne der urkundlich bezeugten Geschichte **ausschließlich** im Besitze jener Fürsten gefunden, welche auch nach der Auffassung von Palacký, Tomek u. A. nur als die mächtiger gewordenen Starosten alter Zeit zu betrachten sind."

Alles das beweist Hr L. auf Grund der erwähnten Karte Böhmens, auf welcher der vor dem 13. Jahrh. durch die Fürsten „nicht verschenkte Boden nur in kleinen Inseln dazwischen" erscheint.

Diesem Kartenbeweise müssen wir also eine ausführlichere Betrachtung widmen:

Vorerst bemerken wir:

1. Es gibt nicht wenige, in den „Regesten" als Geschenke der Fürsten vor dem 13. Jht angeführte Ortschaften, deren Lage man nicht sicher bestimmen kann; wäre dies möglich, dann möchten die von Hn L. festgestellten „kleinen Inseln" noch mehr zusammenschmelzen.

2. Bedeutende Landstrecken wurden erst im 13. und 14. Jht kolonisirt; die Namen dieser Kolonien fehlen somit in den Urkunden der früheren Jahrhunderte. Diese Landstrecken bilden einen namhaften Theil der „kleinen Inseln", welche dann noch kleiner ausfallen.

3. Dagegen nennen viele Urkunden der „Regesten" zahlreiche Ortschaften, über deren bloße Theile der Fürst verfügt hatte. Wenn nun an eine Kirche eine ganze Reihe von bloßen, auf weitem Gebiete zerstreuten Dorffragmenten verschenkt wird, so darf man daraus nicht folgern, daß dem Fürsten ein unumschränktes Verfügungsrecht über diese gesammten Dörfer als Totalität hat zustehen müssen, denn es ist schwer denkbar, daß der Fürst so zerstreute Besitzsplitter verschenkt hätte, wo er nach Hrn L. Theorie ganz gut und sowohl für sich, als auch für den Beschenkten zweckmäßiger, hätte ein geschlossenes Gebiet schenken können. Die Vermuthung liegt nahe, daß sehr viele dieser geschenkten Dorffragmente theils konfiscirtes, theils heimgefallenes Sondereigen gewesen, folglich aus der erwähnten Karte als Beweismateriale zu streichen sind, wodurch die „kleinen Inseln" dagegen namhaft größer ausfallen.

Schließlich geht es nicht an, unverdächtigen, verdächtigen und notorisch falschen Urkunden einen und denselben Glauben zu schenken: wird z. B. angeblich i. J. 1043 ein — Waldhufendorf (Sebnitz) verschenkt, kann doch die Urkunde auch inhaltlich nicht echt sein. Außerdem wird eine Dorfschenkung aus dem 13. Jht nicht als Beweis dienen können, daß dieses Dorf bereits im 10. Jht unfrei gewesen ist.

Trotz dieser bedeutenden Differenzen rechnen wir es Hrn L. hoch an, daß er den Kartenbeweis, d. i die agrarhistorische Topographie, zur Grundlage seiner Forschung gewählt hat.

Das Kartenstudium wurde von Jacobi und Landau eingeführt und fand in Meißen seinen Meister.

Die letzten Consequenzen der Kartenforschung Meißens sind noch lange nicht gezogen; aber schon jetzt hat die Wissenschaft einen gewaltigen Vorstoß dadurch bekommen, daß dieser illustre Gelehrte den festen Forschungsboden in ungezählte Jahrhunderte zurückverlegt und nebst dem namentlich durch seine westslavischen Forschungen unschätzbare Winke gegeben hat, welche dereinst auch der Pflege der ältesten deutschen Agrargeschichte sehr zu statten kommen werden. Meißen hat ungeahntes Licht über sehr alte Volkszustände geworfen, so daß wir dieselben sozusagen mit der Hand greifen können, in Europa, in Asien und wo immer es seßhafte Menschen gibt, wenn man sich nur bequemt, dem gewählten Landstriche so viel Verständniß, Fleiß und Zeit zu widmen, wie dies eben Meitzens Schule vorschreibt.

Allerdings schreibt Meitzens Schule eine etwas andere Karte zum socialgeschichtlichen Studium vor, als die von Hrn L. vorgeführte.

Hr L. nämlich wählte eine Karte von Böhmen, auf welcher die Dörfer mit Punkten, die Städte mit Ringelchen bezeichnet sind und Hrn L. Thätigkeit ist auf das bloße Unterstreichen der Ortsnamen beschränkt.

Meitzens Schule kümmert sich in richtiger Erkenntniß um die Ortsnamen erst in letzter Reihe, sie studirt vorerst deren Träger auf Grund der Dorfkarten, deren jede durchschnittlich viermal so groß ist, als Hrn L. Karte von ganz Böhmen:

Hrn L. Karte leidet vorerst an einem zu kurzen Maßstabe.

Für unsere Frage soll uns das Dorfkartenstudium belehren, wie jedes einzelne der vom Landesfürsten geschenkten Dörfer aussieht, und ob in den ältesten Schenkungen Sippendörfer mit Herrn- oder Dominicaldörfern promiscue vorkommen, oder aber ob diese zwei Dorfarten verschiedenartig behandelt werden, sowohl der Zahl, als auch der Zeitfolge nach.

Bei einer anderen Gelegenheit*) machten wir („Politik" v. 29. Jan. 1889) gegen Hrn L. Folgendes geltend:

„Was das ‚urslavische' Dorf anbelangt, so liegt jetzt schon außer Zweifel, daß es auf Grundlage der Hauskommunion aufgebaut war. H. L. hat allerdings ganz recht, daß in unseren **ältesten** Urkunden nur wenige, wortkarge Anklänge an die gemeinfreie Hauskommunion vorkommen, und wir widersprechen im Ganzen und Großen nicht, daß ‚Alles..„ **soweit die Urkunden reichen**, schon unter einer patriarchalischen Grundherrschaft von großer Unumschränktheit' steht. Ja wohl, **soweit die Urkunden reichen**! Aber diese Urkunden reichen eben bis zu den gemeinfreien Hauskommunionen nicht, sie machen vor ihnen

---

*) „Die Freitheilbarkeit nach böhmischen Dorfrechten älterer Zeit, von Jul. Lippert." („Bohemia" v. 20. Jan. 1889.)

Halt, da dieselben Gegenstand landesfürstlicher Schenkungen — und diese sind ja der fast ausschließliche Zweck der ältesten Urkunden — nicht sein konnten. Der Landesfürst konnte nur Etwas verschenken, worüber er verfügen konnte, also vom Boden nur sein Tafelland, weiter das vorher als res nullius ihm gehörige Rottland und den an ihn rechtlich durch Konfiskation und Heimfall gelangten Besitz von Gemeinfreien."

Dieser Anschauung tritt Hr L. mit seiner Karte entgegen, auf welcher freie Sippendörfer keinen Platz finden sollen. Diesen Kartenbeweis können wir aber keineswegs als gelungen zugeben, weil er nur auf Ortsnamen faßt, einen zu großen Zeitabschnitt — (bis zum Schluße des 12. Jahrh.) ohne die geringste Zulassung gewiß vorgekommener Veränderungen in der Größe der Fürstenmacht — zusammenfaßt, notorisch falschen Urkunden ebenso wie den unangefochtenen denselben festen Glauben schenkt, und unter einzelnen Dorfarten nicht unterscheidet.

Sehr viele in der erwähnten Periode verschenkte Dörfer tragen die patronymische Namensform. *) Hr L. meint („B." 35, 1.): „Die patronymische Namensform der meisten cechischen Dörfer weist noch auf die Gründung durch Geschlechter hin."

Dies ist nicht richtig: Hartmanice, Bernartice, Konratice, Humprechtice wird doch niemand als altslavische Sippendörfer ansehen, und eine ganze Reihe von Ortsnamen endigt bereits seit dem 14. Jahrhunderte auf -ice, während sie früher im Singular als Possessiva — entsprechend den deutschen Friedreichs, Miggolz, Oppolz (Goppolds) — lauteten.

Hrn L. Karte hätte nur dann eine, allerdings durchschlagende Beweiskraft, wenn sie belegen könnte, daß bereits durch die ältesten Urkunden qualificirte Sippendörfer massenweise verschenkt worden sind.

Welches sind nun die Merkmale eines Sippendorfes?

Meitzens schlesische Forschungen stimmen mit den heutigen südslavischen Verhältnissen darin überein, daß das slavische Sippendorf aus einem Einzelhofe durch successive Theilungen nach der Descendentalerbfolge entstanden ist; es kennt keinen Herrnhof mit compactem Grundbesitz

---

*) Auf -ici oder -ice, deutsch -ingen.

keine Gewannen, keine gemeine Mark. Das Dorf selbst
ist kreisförmig (Dorfbering), oder bildet — was für die
ältesten Dörfer mehr als fraglich ist — eine breite Gasse mit
zwei dichtgebauten Häuserreihen.

Die Dorfmark eines unversehrten Sippendorfes ist in
kleine, irreguläre Blöcke zerbrochen. Ist eine weitgehende Bodenzersplitterung eingetreten, dann können die einzelnen Aecker
mangelnder Zufahrt wegen nur schwer bestellt werden. Dieses
Unheil wurde an vielen dieser Dörfer sogar erst im a c h t -
z e h n t e n Jahrhundert durch selbstthätige oder angeordnete
Umlegung der ganzen Feldmark in regelrechte Gewannen
sanirt, so daß sie jetzt die Form der deutschen G e w a n n e n -
dörfer und der groß-russischen Dorfkommunionen haben,
und nur durch den Bering ihren altslavischen Ursprung doku-
mentiren; oft blieb auch die eine oder die andere Feld-
abtheilung, welche für die Bewirthschaftung keine Schwierig-
keiten machte, in den alten Rainen, ein wichtiger Fingerzeig
für das Alter der Siedelung.

Im Allgemeinen ist für die Bestimmung des Alters
eines Dorfes auch die Größe der Dorfmark sehr wichtig.

Einzeln können wohl auch kleine Weiler alt und große
gemenglagige Dörfer blutjungen Ursprungs sein, aber im
Allgemeinen liegt es nahe, daß eine schon während einer exten-
siven Bewirthschaftungsform — und alle freien Sippendörfer
sind dieser Periode zuzuzählen — gegründete Siedelung eines
viel größeren Flächenraumes bedurft hat, als ein erst in
der Periode der Dreifelderwirthschaft entstandenes Dorf.

Daher sind im Ganzen und Großen die ansehnlichen
und als Sippendörfer kartenmäßig nachweisbaren Siedelungen
die ältesten in Böhmen. Deren gibt es hierzulande die
schwere Menge.

Ein genaues Bild könnte nur erst nach vollbrachter
gründlicher D u r c h s i c h t   s ä m m t l i c h e r vor dem 13. Jht
erwähnten Dorffluren Böhmens geliefert werden; diese
Riesenmühe kann aber einem Forscher nicht zugemuthet
werden, es ist eben eine Compagniearbeit. Man möge sich
daher vorderhand mit Stichproben aus der Gesammtheit und
nebstdem mit einer m i n u t i ö s genauen D u r c h f o r -
s c h u n g   e i n e s engeren Gebietes von genü-
gender Größe begnügen:

Nach unseren Stichproben besteht die allerüberwiegendste Mehrzahl der alten Dorfschenkungen:

1. aus ganz unansehnlichen, landarmen, formlosen Weilern, in denen eine noch so kleine alte Sippe keinen Platz hätte.

2. aus Dorfmarken, deren größter und zw. **geschlossener** Theil zum Herrnhofe gehört. Die blockartigen Bauerngründe nehmen die Grenztheile ein. Der etwaige Dorfbering selbst liegt insel- oder halbinselartig mitten im Herrngrunde.

3. aus Gewannendörfern **ohne** Dorfbering.

4. aus Roden, welche nicht selten eben durch ihre Feldeintheilung beweisen, daß sie zur Datirungszeit der Schenkung — noch nicht bestanden haben, **somit auch die anderen, in derselben Urkunde angeführten Schenkungen verdächtig machen**!

5. Erst allmälig und meist in verdächtigen Urkunden — zuerst in der **gefälschten** Urkunde v. J. 1045 (Reg. I. Nr. 108) — treten Schenkungen von qualificirten Sippendörfern in der Form **compacter Gebiete** auf.

Unter den **ältesten** Schenkungen sind nach unseren Stichproben qualificirte Sippendörfer äußerst selten und vereinzelt, aber wir geben zu, daß man solche in größerer Anzahl denn doch finden könnte, namentlich unter jenen Dörfern, deren bloße Fragmente — vermuthlich Konfiscirtes und Heimgefallenes — verschenkt worden sind.

Es kann wohl nicht geleugnet werden, daß auch vom Ursprung an unfreie qualificirte Sippendörfer **denkbar sind.** *)
Sollten somit vor dem 13. Jht verschenkte Sippendörfer sogar in merklicher Anzahl vorkommen, so spräche es **nicht für** Hrn L., kommen sie aber dennoch nicht vor, so spräche es **gegen Hrn L.**

Unsere Angaben können auch ohne Einblick in die vielen Hunderte von Dorfkarten kontrollirt werden: Man suche sich eine Reihe von großen Dorfberingen auf, hüte sich aber, Dörfer mit compactem Herrngrunde oder Rotthufendorfberinge zu wählen; diese sind an den sternartig auslaufenden, breiten Dorftrainen erkennbar, was leider auf der General-

---

*) 1045. „.. hominem .. Kelen .. cum omni posteritate sua .. suspendio judicatum, addita terra, quae posteritati suae sufficeret, servituti .. ecclesiae mancipavi ..″ (Reg. I. Nro. 108).

stabskarte nicht ersichtlich ist; man beschränke sich also auf das flache Land, wo die Rottberinge seltener vorkommen.

Nun schlage man in den „Regesten" und dann in einem historisch-topographischen Lexicon nach und man wird in den allermeisten Fällen finden, daß diese Dörfer keine alte geschriebene Geschichte haben.

Dann wähle man nach der GSK. eine recht große Reihe der elendsten Weiler und man wird bei den meisten im Lexicon die stereotype Aufklärung finden: „ein uraltes, schon im 10. (resp. 11.) Jahrhundert genanntes Dorf ... ".

Wir haben jetzt die Unterscheidung der D o r f a r t e n als ein für unsere Frage wichtiges Kriterium kennen gelernt. Von nicht minderer Wichtigkeit ist ein zweites Kriterium, die Grenz f o r m einer jeden einzelnen Schenkung. Dörfer wurden nämlich nicht selten gruppenweise verschenkt und eben das gegenseitige Verhältniß dieser Gruppen — sie treten unter den Namen ambitus, circuitus, praedium u. s. w. auf — untereinander, sowie auch zu den einzelnen, soeben besprochenen Dorfarten ist von entscheidender Wichtigkeit.

Zahlreiche circuitus und viele der späteren Gerichtssprengel haben nämlich eine eigenthümliche Form: Sie sind sehr schmal, 1—2 Dorfmarken breit, unverhältnißmäßig lang und umgeben ringsum ein abgerundetes Gebiet artischockenartig.

Dieser Kern ist mit Sippendörfern angefüllt, welche in den umliegenden circuitus in der Regel vollständig fehlen. Hier sind Rottberinge, kleine Weiler, gassenartige, oder charakterlose, oder nachweisbar aus Herrnhöfen gebildete Dörfer zu Hause. Die vom Kern aus äußersten circuitus umfassen fränkische Wald- und flämische Marschhufen-Dörfer.

Was die Verschenkungszeit anbelangt, treten die i n n e r s t e n, an den Kern anliegenden circuitus z u e r s t auf, ihnen folgen der Reihe nach die entfernteren und z u l e t z t wird auch der Kern weggeschenkt. Zwischen der Verschenkung des innersten circuitus und schließlich des Kernes liegen sogar Jahrhunderte, also eine hinreichende Zeit, während der sich die Lage der einstigen Gemeinfreien bedeutend verschlechtern konnte.

Die Erklärung dieser topographischen Merkwürdigkeit liegt auf der Hand. Der Kern, die Gesammtzahl der Sippendörfer, bildete einst einen und unabhängigen Stamm, trotzte am längsten der Möglichkeit einer Verschenkung. Dieser Kern war ursprünglich von einem Grenzwald umgeben, über welchen, als res nullius, das Verfügungsrecht dem Oberhaupte zustand. So lange der Grenzwald als Schutzwall für unerläßlich angesehen wurde, war er unantastbar. Durch den Grenzwald führten Verkehrsstraßen, und dort, wo sie ihn erreichten, standen Landesthore (brána, vrata) mit einem befestigten Hage (přįseka, zátes). So erklärt es sich, warum auch im Inneren Böhmens Dörfer vorkommen, deren Namen von „preseca" herrühren.

Unterlag nun ein bis dahin unabhängiger Stamm — den wir uns nicht klein genug vorstellen können — einem seiner Nachbarn und verschmolz mit diesem zu Einem Staatsgebilde, dann wurde der dazwischen liegende Schutzwall nunmehr überflüssig, ja für die Sicherheit der Eroberung gefährlich, er konnte, er mußte fallen. Das Oberhaupt kolonisirte ihn als landesfürstliches Rodeland allmälig durch Unfreie — Gekaufte, Kriegsgefangene, Verurtheilte — zu seinem Nutzen, oder er verschenkte die rauhe Wurzel. Natürlich geschah die Rodung nicht radial, sondern peripherisch, um mög'ichst lichtes, an die bestehenden Kulturen sich anschließendes Ackerland zu erlangen und davon rührt die große Länge und unverhältnismäßig geringe Breite so vieler circuitus oder Umläufe her. Die einstigen Grenzwälder nahmen den bei Weitem größeren Theil Böhmens ein.

Auf diesem Rodelande bewegen sich nun die ältesten landesfürstlichen Schenkungen fast ausschließlich.

Man wird somit, bis alle Dorf- und Umlaufkarten Böhmens werden genau durchgearbeitet worden sein, so ziemlich präcisen Aufschluß erlangen über Anzahl, Lage und Grenzen der vorhistorischen unabhängigen Stammgebiete.

Schon jetzt gewann der Leser den Eindruck, daß die meisten der in den ältesten Urkunden genannten Dörfer zur Zeit der Schenkung keine alten Siedelungen, sondern novae plantationes auf landesfürstlichem Rodeland gewesen sind, und daß wir das Gros der alten Sippendörfer nicht in jenen Urkunden zu suchen haben.

* * *

Unsere Darstellung fußt bis hieher blos auf Stichproben im Allgemeinen. Mit so lückenhaften und ungenauen Belegen wollen wir aber den Leser sich nicht begnügen lassen, und wir stützen unsere Auffassung der altböhmischen Volkszustände beweiskräftig nur auf folgende, historisch-topographische Analyse der Südspitze Böhmens westlich von der Moldau und südlich von Netolitz und Prachatitz.*)

Zum Jahre 981 beschreibt Cosmas die Grenzen des Slawnikischen Fürstenthums wie folgt: „. . plagam ad australem contra Teutonicos orientales has urbes habuit terminales: Chinow, Dudlebi, N e t o l i c i u s q u e a d m e d i a m s i l v a m."

Der Landstreifen südlich von Netolitz, in der Richtung vom Planskerwalde gegen Prachatitz zu, ist theils mit slavischen (Dorfberinge), theils mit fränkischen Waldhufendörfern ununterbrochen ausgefüllt; damit im Einklange lehren uns die Urkunden, daß eben dieser Streifen noch im 13. Jht größtentheils Urwald war und allmälig von dem Goldenkroner Stifte und seinen nördlichen Gutsnachbarn kolonisirt worden ist. Es ist daher nicht unmöglich, daß Cosmas unter media silva nicht den Böhmerwald, sondern den Planskerwald mit dessen einstiger Fortsetzung gegen Nordwesten gemeint hat.

Nicht viel mehr als ein halbes Jahrhundert später schenkte Břetislav I. († 1055) dem Ostrower Stifte „circuitum... silvae quod dicitur Zaton (jetzt Ottau, nördl. von Rosenberg) et capellam beati Joannis Baptistae cum omnibus ad eam pertinentibus" (Reg. I. Nr. 119.).

In Ottau gab es also bereits in der ersten Hälfte des 11. Jahrhunderts eine dotirte Kirche. Da zu derselben noch in späten Jahrhunderten Dörfer eingepfarrt waren, welche in der nächsten Nähe von Rosenberg und Malsching liegen, müssen sie bereits v o r Errichtung der Rosenberger und Malschinger Pfarre zu Ottau gehört haben und die Ottauer Plebanie muß frühzeitig eine sehr große gewesen sein. Das Ostrower Stift besaß überdies die Pfarre Friedberg und der Besitztitel muß ein uralter gewesen sein, denn er konnte im Jahre 1313 gegen die Ansprüche des Stiftes

---

*) Sämmtliche Feldmarken dieses, sowie des östlich davon liegenden Gebietes haben wir kartenmäßig durchgesehen und die meisten in Augenschein genommen.

Schlägl, welchem Wock v. Rosenberg im J. 1305 die Pfarre Friedberg geschenkt hatte, nicht mehr erwiesen und behauptet werden. Das Prokopikirchlein a. b. Moldau (zw. Friedberg und Hohenfurt) hat seit jeher den Ottauer Pfarrer zum Patron, und nördlich davon liegt der zum Ottauer Dominium gehörige Rottbering Woraschne (Tvarožná).*)

Der Ottauer Waldumlauf, ein landesfürstliches Briefland, zog sich daher in seiner ursprünglichen Ausbreitung von den, bereits Mitte des 11. Jhts zu Ottau gehörigen, und theils, wie Ottau selbst, gewiß rechts von der Moldau liegenden Sieblungen, bis hinter Friedberg, also über 15 km lang in der Luftlinie, und hat natürlich die v o r h e r i g e Besiedlung seines Vorlandes zur Voraussetzung, denn mitten im Urwalde wird sich Niemand ansässig machen. Und in der That tragen die Dörfer des Ottauer Umlaufes in dessen ganzer ursprünglichen Ausdehnung ein viel jüngeres Gepräge als der größte Theil der nördlichen Nachbardörfer, welcher aus qualificirten Sippendörfern besteht. Diese Sippendörfer, mit Polletitz als Centrum, liegen südlich vom Plansterwalde und nördlich vom, zw. 1037—1055 verschenkten Ottauer Umlaufe.

Die Zwischenzeit — seit d. J. 981 — ist zu kurz für die Kolonisirung eines so weiten Gebietes, es ist somit erwiesen, daß ein Theil desselben bereits am Schluße des 10. Jahrhunderts bewohnt war.

Nach Cosmas' Grenzangabe lag dieses Gebiet möglicherweise außerhalb des Slawnikischen Fürstenthums, was zu dem überraschenden Schluße führen würde, daß wir es hier mit einem von allen Seiten abgeschlossenen, von Slawnik unabhängigen Stammgebiete zu thun haben.

Ob dies noch zur Zeit Slawniks wirklich der Fall war, lassen wir dahingestellt sein, denn sicher ist es nicht, daß Cosmas unter „media silva" wirklich den Plansterwald gemeint hat.

Aber der Bestand dieses Stammgebietes in vorslawnikischen Zeiten ist über allen Zweifel erhaben, denn es

---

*) Durch das Gesagte ist zugleich nachgewiesen, daß gegen die Echtheit der Datirung der Schenkungsurkunde (1037—1055) nichts vorliegt.

birgt die älteste Sieblungsform, während die Besiedlung der ganzen Umgegend — wie wir ausführlich darstellen werden — viel späteren Kolonisationsepochen angehört. Dieses Stammgebiet hieß wahrscheinlich Záchlum*) und hatte hochinteressante Nachbarschaft, Grenzen und Befestigungen.

Von der nördlichen Nachbarschaft können wir hier der Kürze wegen absehen, weil unser Stammgebiet in dieser Richtung durch den Planskerwald hermetisch abgeschlossen war; wir beschränken uns also auf die Analyse der östlichen, südlichen und westlichen Nachbarschaft, welche in eine Reihe von vielsagenden Umläufen zerfällt:

Von Záchlum vorderhand abgesehen, zog sich in vorhistorischen Zeiten die südböhmische Sieblungsgrenze von Prachatitz aus über den nördlichen Abhang des Planskerwaldes bis zur Moldau nördlich von Krumau. Hier stieß sie an die von Záchlum aus führende semita (Säumerweg), deren Mündung bei Prissnitz (böhm. Přísečná) verhagt war (presecca). Hier stand die Landespforte mit ihrer Veste, wo die Feldlage „hradiště" = Burgstelle, im östl. Theile der Prissnitzer Dorfflur sich befindet. Von hier aus, fort in derselben Richtung nach Südost, lief die Sieblungsgrenze über Zaltitz (in dessen Feldmark, östl. vom Dorfe, ebenfalls der Flurname „hradiště" vorkommt) gegen Pfaffendorf zu. Dieses Dorf heißt böhmisch Přiseče, es stand hier somit ebenfalls eine preseca und eine Landespforte.

Was unmittelbar südlich lag, war wüster Wald, dessen allmälige Robung wir auf Schritt und Tritt verfolgen können.

---

*) Der später zum Strahower Stifte gehörige Theil des ehemaligen Ottauer Umlaufes hieß „bona in Zachlum" (Emler: Decem registra censuum Bohemica. Pragae 1881. S. 221. 292.). Záchlum bedeutet „das Land hinter dem Berge", worunter, von Prag (Strahow) aus, nur der Planskerwald verstanden werden kann. Daß die Benennung Záchlum die Strahower Mönche nicht erfunden haben, beweist der Umstand, daß ihnen diese Besitzung nicht über den Planskerwald zugänglich war, und sie den Weg über Teindles wählen mußten, folglich keinen Anlaß hatten, gerade den Namen „Záchlum" zu erfinden. Slavische Stammgebiete erhielten ihre Namen nicht selten von ihren Nachbarn, z. B. die Circipani („die hinter der Peene wohnhaften"). Auch bei Ragusa gab es einen principatus Zachlumorum (Ζαχλοῦμοι).

Vorerst entstand der **Priethaler** Umlauf (das Rudiment der späteren Herrschaft Krumau) u. zw. vor Absteckung des Ottauer Umlaufes, also vor Mitte des 11. Jahrhunderts.

Der nach dem Süden verlegte Grenzhag zog sich dann von Attes*) — wo dann das die Teinbleser semita schützende Landesthor stand — über das Dorf Haag gegen Pfaffendorf (Přiseče) zu.

Diese vor 1037—1055 aufgegebene Sieblungsgrenze muß eine sehr lange Zeit zuvor bestanden haben, denn sie ist zugleich die Scheide zweier, zeitlich sehr entfernter Sieblungsarten. Nördlich davon liegen ansehnliche Dörfer, welche theils nachweisbar aus Araturen, also auf Dominikalland entstanden sind; was südlich liegt, ist Weiler.

Nach Absteckung des **Ottauer** Umlaufes (1037—1055), dessen Name (Zátou) ebenfalls „Verhau" bedeutet, wurde das Landesthor nach Pramles verlegt; der ursprüngliche Name dieses Dorfes ist Brána, „Pforte". Südlich davon liegt Sabratne (Závratná = das hinter dem Thore (vrata) befindliche Dorf).

Nach Entstehung des **Rosenberger** Umlaufes wurde die Pforte von Pramles gegen den heutigen Mauthof verlegt. Südwestlich davon liegt Kaltenbrunn, dessen böhm. Name, Zúbraní, dasselbe bedeutet, was das obige Závratná. Damit haben wir die Südgrenze Böhmens erreicht.

Wir haben jetzt die Kolonisirung des Gebietes rechts von der Moldau dargestellt und treten nun zum linken Ufer des Flußes.

Hier sind die Verhältnisse ganz anders, die Siebelungsetappen excentrisch.

Die älteste slavische Dorfform, das Sippendorf, nimmt den Kern des Landes, das Stammgebiet, welches wir hypothetisch Záchlum nennen wollen, ein und hat Polletitz zum Mittelpunkte. Von den nächsten Sippendörfern des Nordens und Nordostens ist dieser Kern durch bedeutend jüngere Siedelungsformen hermetisch abgeschlossen.

---

*) Böhm. Záles = Verhau; nordwestl. davon wird 1386 silva Hrabisst genannt; es ist dies eine noch heute kennbare runde Wallburg von 50—60 Schritt im Durchmesser nach Otrubas Untersuchung.

Durch das Stammgebiet führte aus dem Passauischen eine Verkehrsstraße von Südwest nach Nordost; bei Unterwuldau überschritt sie die Moldau, zog sich durch den Urwald — das spätere Hirzonische Briesland —, erreichte hinter Mautstatt das Stammgebiet — hier ist die Landespforte zu suchen — führte über Schmieding (Kovářovice: wo man Saumthiere beschlug?) nach dem Hauptorte Polletitz, von dessen Alter und Bedeutung sein romanischer Kirchthurm, der älteste Bau weit und breit, Zeugenschaft ablegt. Hier stand auch die Stammeshochburg, auf dem heutigen „Ratziberg"*). Von Polletitz zog sich die Verkehrsstraße zum Kalschingerbache, von dort zum nördlichen Grenzwalde und nachdem sie ihn überschritten hatte, traf sie, **bereits auf dem Boden eines fremden Stammgebietes**, das Dorf Písečná (Prissnitz), wo die **gegen das** Záchlumer Stammgebiet errichtete preseca sammt Landespforte sich befand.

Záchlum stand somit einst dem nördlichen Nachbarfürstenthume, als dessen ältester bekannter Besitzer Slawnik genannt wird, **selbstständig** gegenüber.

Durch Feststellung des Záchlumer selbstständigen Stammgebietes läßt sich nun leicht erklären, warum die älteste Dorfart isolirt und gerade im Centrum des ganzen Landestheiles westlich von der Moldau und südlich von Netolitz anzutreffen ist und warum dieses Gebiet erst dann vom Könige verschenkt worden, nachdem alles rings umliegende Land in bestimmten, gleich zu beschreibenden Umläufen bereits verschenkt worden war.

Von dieser Erklärung wollen wir aber hier absehen, weil die Enthüllung eines so wichtigen Objektes, wie ein bisher unbekanntes Stammgebiet gerade in dieser Region eines ist, kaum Aussicht hat, ohne Widerspruch anerkannt zu werden. Um also dasjenige, was wir durch unsere Auseinandersetzung beweisen wollen, nicht mit anderen Streitfragen zu kompliciren, wollen wir uns nur auf folgende, unumstößliche Thatsachen beschränken:

---

*) Wohl „v hradci", local von hradec = Burg.

1. Um Polletitz liegt die älteste Siedelung des ganzen Landestheiles und besteht aus einer Anzahl von Sippendörfern.

2. Gegen Norden war diese Siedelung durch den Planster Urwald, von Prachatitz bis Krumau, hermetisch abgeschlossen.

3. Gegen Osten und Südosten erstreckt sich bogenartig ein Landstreifen — von Weichseln inkl. bis Hafnern — das älteste Rodeland dieses Gebietes, gegen 14 km lang und 2 km breit.*) Seit Anfang der Geschichte, seit dem 13. Jht., treffen wir diesen Streifen im getrennten Besitze zahlreicher Personen, welche selbstständig über ihren Grund und Boden verfügen, neue Waldhufendörfer roden und ihre Macht schließlich auch über die Sippendörfer Ruben, Nespoding, Gollitsch ausdehnen. Es ist bezeichnend, daß diese Sippendörfer *später* genannt werden, als die meisten und kleinsten der übrigen, unter dem Strich aufgezählten.

Die Besitzer selbst dürfen nicht ohneweiters etwa als Ritter angesehen werden, es sind vielmehr wehrfähige, also gemeinfreie, theils Groß-, theils nur Kleinbauern. Ihr Besitz liegt nicht zerstreut da, sondern bildet eine geschlossene Kette, die den Osten und Süden Zächlums von der preseca bei Prissnitz an bis Schöbersdorf umspannt.

Die Besiedelung des Hauptstockes („Bucklige Welt") dieses Landstreifens ging natürlich der Entstehung des Ottauer Umlaufes (1037—1055) voran.

4. Südlich vom Volksgebiete (1) liegt der Höritzer Umlauf (Droschlowitz—Neustift), über 11 km lang und in seiner äußersten Breite 2½ km tief. Er enthält meistens slavische und einige nicht fixirbare Waldhufendörfer und ist ohne Zweifel königliches Briesland. Sein ältester bekannter Besitzer war Hanricus de Hvritzh (1272. Reg. II. Nr. 776).

5. Oestlich davon liegt der Kirchschlager Umlauf von geringem Umfange; er enthält durchwegs fränkische Waldhufendörfer. 1258 schenkte Witigo von Krumau die Pfarre Kirchschlag dem Stifte Schlägel. Nordöstlich schließen sich dem

---

*) Er umfaßt Weichseln, Maloting, Niemsching, Wettern, Möbling, Zippendorf, Hafnern, Passern, Wuretschlag, Scheftau.

Umlaufe nebst Klein-Drosen die ehemaligen Herrnhöfe Lagau und Groß-Drosen an und gehörten demselben Witigo. Der Name Drosen (Strážný = Warte) zeigt an, daß den Dörfern die südliche Grenzwache des Záchlumer Volksgebietes einst anvertraut war.

6. Westlich vom Volksgebiete (1) und vom Höritzer Umlauf (4) liegt der Mugrauer Umlauf, wenigstens 16 km lang*) und an seiner breitesten Stelle (Mautstatt) 4½ km tief.

Im Jahre 1268 (Reg. II. Nr. 608) wird er ausdrücklich als einst königliches, von Wenzel I. († 1253) verschenktes Briefland genannt, mit nur 13 Ortschaften. Einige von ihnen wurden erst im 16. Jht in Dörfer ausgestaltet, sonst sind sie bis heute kleine, formlose Weiler.

7. Südlich von 3, 4, 5, erstreckt sich bis über Ottau der ansehnliche Ottauer Umlauf (circuitus Zaton). Weil er von Allen am frühesten genannt wird und in seinen späteren Schicksalen verfolgt werden kann, ist er für uns der wichtigste. Wir haben bereits angeführt, daß das Ostrower Kloster, dem dieses landesfürstliche Briefland zwischen 1037—1055 geschenkt worden war, den westlichen Theil desselben an die Herren von der Rose (Dominium Friedberg) eingebüßt hat. Vermuthlich beeilte es sich mit der Rodung nicht, die entfernte, an einer alten Verkehrstraße liegende Friedberger Pfarre entfremdete sich der Mutterkirche, die Umlaufsgrenzen geriethen in Vergessenheit und konnten gegen die vordringenden Herren v. d. Rose nicht behauptet werden. Weitere Verluste folgten nach und im 15. Jht war der einst so gewaltige Umlauf bis auf die Ottau nächstliegenden 4 Dörfer zusammengeschmolzen, während der mittlere Theil, bona in Záchlum — zwischen diesen 4 Dörfern und der späteren Herrschaft Friedberg — im Besitze des Stiftes Břewnow (bei Prag) angetroffen wird. Dieses Stift mag Záchlum vom Kloster Ostrow bereits frühzeitig erworben haben.

Beide Gebiete, sowohl das Ostrower als auch das Břewnower, sind mit Ausnahme des Dorfberinges Podesdorf von winzigen Gewannweilern ausgefüllt.

---

*) Von Unterwuldau bis Plattetschlag; weiter nordwärts läßt sich seine Ausdehnung nicht mehr ermitteln.

Sehr bemerkenswerth ist die Nachbarschaft dieser zwei Gebiete, sowohl die nördliche als auch die südliche.

Die nördliche haben wir sub 3 besprochen; nun Etwas über die südliche:

8. Diese löste sich, vermuthlich bis zur Moldau, in eine Menge gemeinfreier Kleingrundbesitze auf. Das Hohenfurter, von Pangerl edirte Urkundenbuch zeigt, wie allmälig dieser Kleingrundbesitz durch Kauf vom Stifte Hohenfurt und den Herren von der Rose aufgesogen worden ist.

Dies war Ende des 14. Jhts noch keineswegs abgeschlossen, denn die von Truhlář herausgegebenen „Registra bonorum Rosenbergicorum anno 1379 compilata" nennen (Nr. 234) im Verzeichniß der Friedberger Wälder jetzt noch bestehende, slavisch angelegte Dörfchen, welche um jene Zeit erwiesenermaßen weder das Stift Hohenfurt noch die Rosenberger besessen haben. Ihre Besitzer kommen auch in Urkunden nirgends als Zeugen vor, waren somit keine Edelleute, sondern gemeinfreie Kleinbauern.

Dies wird deutlich durch folgende, von späterer Hand eingetragene Stelle in den erwähnten Registern vom Jahre 1379 (Nr. 228) bekräftigt:

„In Haczlow Hodyk tenet 1½ laneum liberum, de quo dominis benivole se subiugavit annuatim solvere per IIII gr. Ibidem Jan dictus Komeda tenet 1 lancum liberum, de quo benivole se subiugavit annuatim solvere per IIII gr.

Racio Sti Galli de bonis castri Crumlow a. 1499 (Krum. Schloßarchiv) sagt: Haczlawsstij dadij opowiedne, gessto s dobre wuoly se opowie", 14 gr. (Die Hatzleser zahlen an Homagialgeld, indem sie sich freiwillig unterthan haben, 14 Gr.) Racio a. 1495 sagt: Haczlaw omagiales 14 Gr. Diese 14 Gr. „opowiednyho" zahlten die Hatzleser noch im J. 1546 und waren sonst vollständig zinsfrei.

Unsere Analyse des westlichen Theiles der Südspitze Böhmens ergibt somit eine Reihe langgestreckter Umläufe, welche einen mit Sippendörfern gefüllten Kern, ein uraltes Stammgebiet, rings umschließen und ihn von der Außenwelt hermetisch trennen. Von jedem der Umläufe konnten wir theils genau, theils annähernd, aber überall mit Sicherheit angeben, wann und wie er kolonisirt worden ist u. zw. sowohl durch Schenkungsurkunden, als auch, mit diesen in Uebereinstimmung, durch die Dorfanlage.

Wir haben weiter gesehen, daß auch in unmittelbarer Nachbarschaft des Stammgebietes, sogar vielleicht in dasselbe hineinragend, zusammenhängende Komplexe (sub 3) vorkommen, deren gemeinfreie Kleingrundbesitzer nie verschenkt und nie „abgestiftet" worden sind.

Herrn Lipperts Theorie von der Besitzlosigkeit der altböhmischen Bauern und von dem landesfürstlichen Allbesitz paßt somit, vorerst auf dieses Gebiet, ganz und gar nicht.

Die aufgezählten Umläufe verschenkte der Landesfürst theils schon als gerodet, theils erst zum Roden an Geistliche oder an Weltliche, **und erst als der gesammte, das Stammgebiet ringsumschließende Grund und Boden in Privathänden sich befunden hatte, verschenkte er den Kern, das Stammgebiet, das „praedium Bolotitz".**

Dies geschah im Januar 1263 (Reg. II. Nr. 409). Von einer Knechtschaft der Einwohner, von einem Verfügungsrecht des Herrn über die einzelnen Besitzstellen steht kein Wort in der Urkunde, die Schenkung geschah gerade so, wie man eine deutsche Grafschaft, deren Bewohner lauter Gemeinfreie sein mochten, zu verschenken pflegte.

Die rustici des praedium Polletitz verfügen frei über ihren Grund und Boden, sie verhandeln untereinander ihre Grundstücke nach eigenem Ermessen und als der Kalschinger Pfarrer Grundstücke erworben, muß er dem Abte de ipsis servire, sicut exigit ordo iuris (1293. Reg. II. Nr. 1610).

Hr L. deutet jede „servitus", die er in altböhmischen Urkunden antrifft, auf **Knechtschaft**; doch wird er gewiß nicht geneigt sein, auch den Kalschinger Pfarrer als **Knecht** zu erklären.

Im praedium Polletitz werden sogar gemeinfreie hereditates erwähnt. In der Stiftungsurkunde vom Jahre 1263 wird nämlich das Dorf Ahorn (Za horú) als mitgeschenkt ausdrücklich angeführt; nichtsdestoweniger sagt eine Urkunde v. J. 1326 (Reg. III. Nr. 1171):

„Ego Jacobus dictus Horucher patefacio . . quod hereditas sive curia quondam fratris mei Vusconis in Ahorn villa Sanctae Coronae, quae videlicet curia ex parte quondam Urbani ad cum devenerat et nunc iure emptitio ad me fuerat devoluta, .. hanc .. abbati .. in cuius sita est possessione... vendidi ..."

* * *

Böhmen zerfiel einst in eine stattliche Anzahl kleiner, selbstständiger Stammgebiete, daher wird „Die Knechtschaft in Böhmen" völlig erst dann spruchreif werden, bis alle Stammgebiete aufgedeckt und jedes für sich in seiner chronologischen Entwicklung durchforscht sein wird.

So lange man kein anderes Kriterium kennen will, als die bloße, knappsilbige, vieldeutige Urkunde, noch dazu ohne Unterscheidung ihrer Glaubwürdigkeit, wird man nie in's Klare kommen.

Mutatis mutandis paßt auf unsere Streitfrage Lamprechts*) Grundsatz: „Nichts ist .. verkehrter, als auf dem Wege dogmatischer Darstellung ein System der Unfreiheit aus den fränkischen Volksrechten abzuleiten, indem nur eine Konsequenz die andere auf die Füße treten kann. Was die Bestimmungen der Volksrechte geben, sind vielmehr Niederschläge einer langsam verlaufenden Entwickelung, die als Ganzes angesehen, nur ein Gemenge von Widersprüchen ergibt."

Der böhmische Boden ist aber ungleich schwieriger, denn von den altböhmischen Volksrechten haben wir nicht die geringste Kenntnis und sind einzig und allein auf landesfürstliche Schenkungsurkunden angewiesen, welche als Ganzes oberflächlich angesehen, wirklich ein kolossales Babel von Widersprüchen ergeben.

Diese Widersprüche sind vorerst zu lösen; das ist bereits zum großen Theile möglich, seitdem die großen deutschen Agrarforscher dargethan haben, daß jede, auch die deutlichste Schenkungsurkunde ohne Zuhilfenahme der zuständigen Dorfkarte stumm wie der Fisch ist.

Wenn wir nun die Stammgebiete bloslegen wollen, müssen wir vorerst alle Dörfer hinwegrechnen, die unter an-

---

*) Lamprecht: Deutsches Wirthschaftsleben I. 1. S. 55.

deren Voraussetzungen entstanden sind; also namentlich Rotthusendörfer und dann jene Gewannendörfer, von denen wir urkundlich wissen, daß sie aus Herrnhöfen errichtet worden sind.

Diese beiden Dorfarten machen für sich allein die große Mehrzahl der jetzt bestehenden Dorfschaften Böhmens aus.

Innerhalb des Restes sind die Stammgebiete zu suchen, ohne daß sie sich mit demselben decken, vielmehr verhalten sie sich zu ihm wie ein Theil zum Ganzen.

Mit dem Studium der Dorfkarten geht das der Umlaufkarten Hand in Hand. Die Form, Gruppirung und Chronologie der Umläufe und ihr Verhältniß zum Kerne, dem Stammgebiete, bildet dann eine doppelte Kontrole des Dorfkartenstudiums.

Auch unsere Vorstellungen über die Größe der alten Population werden durch das Kartenstudium auf das bescheidenste Maß reducirt. In allen Stammgebieten Böhmens zusammen kann keine Viertelmillion Bauernvolk je gelebt haben.

Die geringe Zahl der Vertheidigungskräfte eines Stammes mußte durch wüste, möglichst breite Grenzwälder ersetzt werden. Diese Grenzwälder befanden sich eben dort, wo wir uns bisher, von Schenkungsurkunden verleitet, altes Kulturland gedacht haben. Dies ist namentlich von der Umgebung Prags der Fall. Hier sind Sippendörfer **nicht** zu Hause, und noch in historischen Zeiten mächtige Wälder anzutreffen:

Prag's Umgebung ist **kein** altes Kulturland, **kein** Volksgebiet, sondern landesfürstliches **Rodeland**.

* * *

Die Kontrole der Dorfkarten durch die Chronologie der Umlaufkarten, wie wir sie bei der westlichen Hälfte der Südspitze Böhmens geübt haben, ergibt, daß der Landesfürst vorerst jene Landstriche vergeben hat, welche zu keinem Stammgebiete, sondern ihm, dem Herrn der res nullius allein gehört haben. Das Stammgebiet, das **älteste** Kulturland, bildet das **jüngste** Schenkungsobjekt.

Bevor also der Fürst zur allmäligen Kolonisirung der Grenzwälder geschritten ist, konnte es keine ausgedehnten landesfürstlichen und mit Knechten besiedelten Landstriche geben.

Daher ist Palackýs Auffassung, daß die alten Böhmen eine geknechtete Bevölkerungsklasse **nicht** gekannt haben, unanfechtbar.*)

Aber ebenso unanfechtbar ist Herrn L. Anschauung, daß der unbebaute Boden grundsätzlich Eigenthum des Landesfürsten gewesen ist („B." 1, 2). Dieser Grundsatz kam jedoch nicht immer zur Geltung, u. zw. nicht nur den großen Herren, sondern auch den kleinen Gemeinfreien, ja vielleicht Flüchtlingen gegenüber. Haben wir doch nördlich und südlich vom Ottauer Umlaufe zahlreiche Gemeinfreie angetroffen, welche nicht anders als durch freie Okkupation und Rodung der res nullius zu ihrem zinsfreien Kleinbesitz haben gelangen können.

Als Ganzes betrachtet, bildet das einstige landesfürstliche Rodeland gewiß ein halbes Tausend Quadratmeilen. Dennoch stand nur je der winzigste Theil desselben nutzbringend dem Fürsten zur Verfügung und man darf sich von der Ausdehnung der jeweiligen kultivirten Fürstenländereien keine zu große Vorstellung machen, denn das allmälig zu Krongut Kolonisirte wurde durch Schenkungen an Kirchen und Laien fortgesetzt gemindert.

* * *

Zwischen der Schenkung des Ottauer Umlaufes (1037—1055) und der des Záchlumer Volksgebietes (1263) liegen volle 2 Jahrhunderte. Wir haben gesehen, daß zwischen diesen zwei Landschaften ein noch älteres Rodeland, als das von Ottau liegt, — wir haben es sub 3 besprochen — können daher mit gutem Gewissen sagen, daß erst volle drei Jahrhunderte nach Aufbruch des ersten Rodelandes der Landesherr das Volksgebiet verschenkt hatte. Der Grund davon kann unmöglich ein zufälliger sein und nicht anderswo gesucht werden, als darin, daß der Landesfürst zur Zeit der ersten Rodelandsschenkungen **kein** Verfügungsrecht über das Volksgebiet selbst besessen hat.

---

*) Hr L. hat eine Karte des ältesten Böhmen konstruirt, auf welcher für gemeinfreie Volksschichten kein Platz ist. Auf unserer Karte des ältesten Böhmen haben wieder unfreie Bevölkerungs**schichten** keinen Raum.

Sollte diese Zwischenzeit von drei Jahrhunderten auch bei anderen Volksgebieten Böhmens wiedergefunden werden — dies wäre eben ein weiterer Zweck des Flur= und Umlauf=Kartenstudiums — dann hätten wir einen Zeitmaß=stab für die Erstarkung der landesfürstlichen Gewalt gewonnen.

Die ältesten böhmischen Schenkungsurkunden enthalten das verschenkte „Haben" des Landesfürsten; die Pflichten dem Geschenkten gegenüber enthalten sie nicht, oder selten (Reg. I. Nr. 108., 202., 219. u. s. w.), denn diese waren durch das Herkommen gegeben und den Interessenten bekannt.

Nur dort, wo unrichtiger Weise — minus iuste (Reg. I. Nr. 551) — ein Posten „Soll" in das „Haben" eingetragen wurde und gelöscht oder sonst gutgemacht werden mußte, schimmert ein Licht hindurch über die Rechte dessen, der kein Knecht gewesen und dem Unrecht geschehen ist. Aber die geringe Zahl solcher Rasuren in dem Riesenbuche des landesfürstlichen „Haben" kann denn doch nicht als eine Statistik der Zahl der Gemeinfreien angesehen werden — wie Hr L. („B." 16, 4.) es thut — sondern eher als Beweis, daß solche Eingriffe eben nur selten vorgekommen sind.

Die wichtigste einschlägige Nachricht lautet (Reg. I. Nr. 114):

Dux Bracizlaus . . donationem, quam pater suus (Ulrich † 1037) . . fecerat, flumen videlicet . . (Sazawam) . . cum pratis et silva circumjacente . . corroboravit . . ; dein etiam hanc eandem donationem **supervenientibus heredibus** et eam suo juri usurpative vendicare molientibus, **nolens paterna cessare statuta**, semet opposuit, litem diremit et . . Procopio omnem utilitatem in aqua et silva . . redonavit; agros vero et prata ex utraque parte adjacentia . . sexcentorum denariorum pretio **redemit** et abbati Procopio . . reconsignavit.

Diese Stelle erklärt Hr L.:

„Der Fürst Břetislaw (sic!) hat den Mönchen die Au an der Sazawa mit Wiesen und Wäldern geschenkt ohne Rücksicht darauf, daß innerhalb dieser Obćina — dieses Marklandes — auch schon bebaute Gründe lagen, welche im Gegensatze zu dem alten Gemeingute der Obćina die „Dědina" heißen. Auf dieser „Dědina" nun werden „Heredes" als Herrn genannt; diese be=

riefen sich gegen die gemachte Schenkung auf ihr Recht und — wurden abgestiftet. Aecker und Wiesen, die nicht wie Wald und Fluß in den Begriff der Občina fielen, löste ihnen des Geschenkgebers Sohn mit 600 Denaren ab — redemit sagt die Chronik. Mit dieser Auffassung stimmt auch der Name selbst. Dědic kann ursprünglich nichts anderes bedeuten als den Besitzer einer dědina, d. i. eines aus der Gemeinmark ausgeschiedenen Ackerlandes, schlechtweg auch den Herrn. So hießen St. Wenzel und andere Heilige doch nur im alten Sinne des Wortes dědici des Landes Böhmen; sie werden damit nicht im jüngern Sinne als die „Erben", sondern im Gegentheil als die älteren und eigentlichen „Herren" desselben bezeichnet. Erst später hat sich der Begriff der Erbberechtigung an den der Herrschaft gelehnt und dem entspricht die eintretende lateinische Uebersetzung heredes." („B". 16, 4.)

Gegen diese Darstellung haben wir gar viele Bedenken, vorerst über die Deutung der termini: dědic, dědina, občina, „abgestiftet":

„Dědic" = děd (Großvater) + ic (= -ing, -ίδης), bedeutet wörtlich den Enkel, faktisch den Besitzer eines vom Großvater überkommenen, also Erb=Landes.

Dědina bedeutet wörtlich wie sachlich genau dasselbe, was die germanische terra aviatica.

Die Erklärung dessen, warum gerade das Wort terra aviatica sowohl bei den Germanen als auch bei den Slaven ein feststehender terminus technicus für Erbland geworden ist, und nicht ein anderes, etwa terra paterna, ist im Wesen der Hausgemeinschaft selbst zu suchen.

Es bildet nämlich die Regel bei allen bekannten, alten und neuen, Cultur= und Naturvölkern, welche in Hausgemeinschaft leben, daß kein Hausgenosse Sondereigen beanspruchen darf, solange der Hausvater lebt. Der natürliche Starost ist der Vater bezw. Großvater und nach ihm derjenige von seinen Söhnen, den er zum Nachfolger ernennt, also der Bruder, bezw. Oheim.

Während der successiven Starostenschaften des Vaters und des Bruders erwächst bei regelmäßiger Entwickelung die Hausgemeinschaft zu einer Verwandschaft dritten Grades, die Kraft der Gemeinschaft bilden dann beweibte und mit Kindern gesegnete Enkel des Gründers der Communion.

So lange ein Sohn des Gründers lebt, ist er der Anwart der Starostenwürde. Nach dem Tode des letzten Sohnes löst sich der Familienverband.

Die Enkel — dědici — theilen das Großvaterland — dědina — in so viele gleiche Theile, von wie vielen Vätern sie, die dědici, herrühren. Die dědici, welche Söhne eines und desselben Vaters sind, machen einen einzigen Erben aus, erhalten einen der gleich großen Erbtheile zur neuen, selbstständigen dědina, und bilden fortan, unter der Starostenschaft Eines aus ihrer Mitte, eine neue, selbstständige Hausgemeinschaft, welche zu den Hausgemeinschaften der übrigen abgetheilten Vetter fremd, un verwandschaftlich steht.

Stirbt eine Hausgemeinschaft aus, erben die nächsten, abgetheilten Verwandten nicht, die dědina wird herrnlos und verfällt dem Heimfallsrechte des Landesfürsten oder — wie bei den Iren — der Sippe.

Občina, communitas, gemeine Mark, ist den Slaven ganz und gar fremd; sie ist unvereinbar mit dem Grundprincipe der Hauscommunion, nämlich mit der vollständigsten Trennung und Entfremdung der Abgetheilten untereinander. Wiese, Wald und Weide, auch der unfruchtbare Boden ist zu Sondereigen der einzelnen Hausgemeinschaften aufgetheilt. *)

Občina ist somit nicht, wie die deutsche Mark, res communis, sondern res nullius. Alles, was nicht abgegrenzt ist, verfällt entweder dem freien Occupationsrechte, oder liegt im Machtbereiche des Landesfürsten.

Beides ist in Böhmen nachweisbar:

Zeugen des Ersteren sind die S. 28 (sub 8) besprochenen gemeinfreien Occupatoren der Gegend südlich vom Ottauer Umlaufe.

Das Recht des Landesfürsten auf das Nobeland ist natürlich des Oefteren belegt, z. B.: 1260 bezeugt Ottokar II., daß sein Vater dem iudex Chunrad das Dorf Nyeprowitz cum omnibus pertinentiis zu erblichem

---

*) Namentlich die Zerschlagung des Waldgebietes hat Holzarmuth zur Folge und es ist gerade von den Sippendörfern des Prachiner Kreises, welche bis heute einer Umlegung in Gewannenhufen getrotzt haben, bekannt, daß sie mit Stroh und Mist feuern mußten. Dieser Noth entgiengen jene Sippendörfer, welche in Gewannenhufen umgelegt wurden und Wald und Weide fortan als communitas behielten. Meitzen war es, welcher an seinem Paradigma Domnowitz dargelegt hat (Cod. dipl. Sil. IV.), daß das slavische Dziebzinendorf keine gemeine Mark, folglich auch keine Markgenossenschaft kennt.

Besitze um 60 Mark Silber ver kauft hat. Nichtsdesto=
weniger setzt er fort (Reg. II. Nro 272): „Dedit eciam
idem Ch. nobis dextrarium pro X marcis arg. estimatum,
quod terminos dicte ville distingui siue circui faceremus
eidem . . .; item dedit . . . uxori nostre . . . similiter
pro distinguendis terminis dicte ville X marcas arg." Trotz=
dem also Chunrad der unanfechtbare Besitzer des erkauf=
ten Dorfes war, konnte er die Sicherheit der Gemarkung*)
nur um einen horrenden Preis ($1/3$ des Kaufschillings) erlan=
gen. Daburch erklärt sich auch, warum a. 1240 die Königin=
Wittwe Constantia den Zbeslaus, von dessen Vater sie ein
Dorf gekauft hat, nicht bewegen konnte, „circuire villam . . .
sicut tenebatur de justitia circuire" (Reg. I. Nro. 1011.).

Das dritte Bedenken betrifft das Wort „abgestiftet":

Dieses Ausdruckes nämlich bedient sich Hr L. noch
an einer anderen Stelle u. zw. im e n t g e g e n g e s e t z t e n
Sinne: „Was der Unterthan zu erfüllen hat, um von dem
Boden, der ihm zugetheilt ist, loszukommen, das entwickelt
sich als materielles Recht erst nach und nach, und diese Ent=
wicklung nimmt dann eine Richtung, die den Originarius
dem servus endlich v ö l l i g g l e i c h s t e l l t. Schenkt aber
der Fürst oder dessen Rechtsnachfolger den Boden weg, so
bleibt es ihm frei, den Bauer darauf zu belassen — also
mit zu verschenken — oder davon wegzunehmen, „a b z u =
s t i f t e n", wie eine jüngere Zeit beschönigend gesagt hat."
(„B." 16, 2.).

Wenn Hr L. hier die vollständigste Besitzlosigkeit eines
dem Sclaven völlig gleichgestellten Unterthanen mit dem Rechte
des Herrn, ihn — selbstverständlich ohne geringsten Ersatz
— „abzustiften", anführt, so sollte derselbe Terminus beim
Vorgange der Klosterstiftung a. d. Sázawa, wobei den ver=
kürzten und ihr Recht selbst gegen den Fürsten tapfer und
erfolgreich verfechtenden heredes v ö l l i g e r Ersatz geleistet
worden ist, denn doch nicht angewendet werden.

---

*) Das unregelmäßige Gewannendorf Neprowitz ist ein
echter ehemaliger circuitus silvae. Die Dorfmark hat sehr zackige
Grenzen, dehnt sich von Südwest nach Nordost in der Länge von
$3\frac{1}{2}$ km und ist durchschnittlich nur 600 m breit. Die Dorf=
statt liegt hart an der südwestlichen Gemarkung.

Unsere Einwendung ist keine Wortspalterei, denn Hr L. deducirt aus diesem Terminus, der in der Urkunde nicht einmal implicite steht, die Rechtslosigkeit der heredes dem Fürsten gegenüber.

Fürst Ulrich († 1037) schenkte dem Stifte Sázawa eine Strecke Flußes mit angrenzenden Wiesen und Wald. Benachbarte heredes bestritten die Rechtmäßigkeit der ganzen Schenkung, die sie ihr Eigen nannten. Břetislaw mußte einen Theil des Rechtstitels anerkennen und kaufte ihn ab, nolens paterna cessare statuta.

Der Zwiespalt zwischen dem Fürsten und den heredes liegt nicht im Gegensatze des Waldes als Markland zu Acker und Wiese als Sondereigen, sondern darin, daß Ulrichs Schenkung kein rechtmäßiger, nämlich kein rechtskräftig durch circuitio, vicinis non contradicentibus abgegrenzter Umlauf gewesen ist; wenigstens kommt in der Sázawer Urkunde der entscheidende Terminus „circuitus", dem wir sonst so unzähligemal begegnen, nicht vor.

Die heredes haben sich augenscheinlich darauf berufen, daß sie das geschenkte Gebiet früher genutzt haben, aber sie konnten nicht beweisen, daß die Schenkung ihr circuitus sei. Ihr Rechtstitel war demnach die freie, vielleicht auch uralte Occupation und gegen diesen Rechtstitel stand der mächtigere, des Landesfürsten: das Recht auf jedes nicht circuirte Gebiet.*)

Nicht jeder Wald als solcher, sondern nur der nicht circuirte bildet einen Gegensatz zur dědina.

Das, was Hr L. als „Abstiftungsrecht" des Landesfürsten nennt, hat noch zwei andere, sehr lehrreiche Belege:

1222 (Reg. I. Nr. 662) befiehlt der König nobili viro Neconi, wegen Landfriedensbruch, seinen Besitz zu verkaufen.

1214 (Reg. I. Nr. 551) bestätigt Markgraf Heinrich eine Schenkung seines Vaters, König Wladislaws; „quam ... donationem minus juste factam nunc contradicente et juris forma probante nobili viro Tazzone didici veraciter; tamen ne factum piae memoriae

---

*) cf. Lex Sal. 14, 4.: gegen einen Freien, der ein königliches Ansiedlungsprivileg aufweist, gilt kein Einspruchsrecht der Nachbarn (Lamprecht I. 1. S. 46).

patris mei .. inaniter, Tazzoni vero .. injuste
accidisse dicatur, dignum duxi .. roborandum, accedente
ad hoc consensu ., Tazzonis, qui resarcione sui dampni
ipsi per me facta se contentum esse acclamavit .."

Der Inhalt dieser Urkunde deckt sich vollständig mit
der obigen Nachricht über die Sázawer Klostergründung.

Hier wurden „heredes", dort ein nobilis vir verkürzt.
In beiden Fällen trat eine restitutio in integrum nicht
ein u. zw. ausdrücklich aus Pietät zum verewigten Landes=
fürsten. Aber in beiden Fällen wurde völliger Ersatz geleistet.

Der Besitz jener heredes wurde somit gerade so be=
handelt, wie 160 Jahre später der eines nobilis vir.

Diese vollfreie Stellung der heredes läßt Hr L.
nicht gelten:

„Vollends erwiesen aber erscheint uns diese untergeordnete
Stellung der „heredes", in denen Einige die altčechischen Gemein=
freien entdeckt haben wollen, dadurch, daß gelegentlich Leute unter
dem Namen heredes gerade so bedingungslos verschenkt werden
wie andere „homines" — „Ceterum duos heredes nostros...
addidimus." (Erben 1205 p. 222.)". („B." 16, 4.)

Die Stelle lautet (Reg. I. Nr. 489.): „Ceterum duos
heredes nostros cum circuitu silvae, quae
bonis ecclesiae memoratae adjacebat in villa Trebenycich,
eidem ecclesiae addidimus."

Das Kloster war im Besitze dieses ganzen Dorfes
angeblich bereits seit anderthalb Jahrhunderten (Reg. I. Nr. 126)
und erhielt 1205 einen Wald und nebstdem, augenscheinlich
zur Urbarmachung desselben, zwei heredes. Diese heredes,
von denen man gar nichts erfährt, von wo sie her sind und
wie sie heißen, bringen keine Scholle dem Kloster zu, sondern
nur ihre Leiber. Es sind demnach der Freiheit und des Be=
sitzes entblößte heredes, und dies konnte nur auf Grund
eines Rechtsspruches geschehen.*)

Die Urkunde vom J. 1205 beweist also eine unterge=
ordnete Stellung der Klasse der heredes nicht!

---

*) cf.: „... quendam hominem .. propter detestabile de-
lictum suspendio judicatum, addita terra, quae posteritati suae
sufficeret, .. servituti ecclesiae .. mancipavi ... (1045. Reg. I.
Nr. 108.)

Unfreie heredes finden wir bereits in einigen sehr divergirenden Exemplaren der cc. 1088 datirten Gründungsurkunde der Wyschehraber Kollegiatkirche (Reg. I. Nr. 175).*)
„Hotisi VIII manses (cum IV heredibus) quorum nomina sunt ista . . ."

Die Begriffe „manses" (Huben) und „heredes" haben keinen organischen Zusammenhang. Alle manses eines Gewannendorfes sind gleich groß — dies ist auch beim Gassen-Dorfe Choteisch bis heute der Fall — aber keineswegs die hereditates (dědiny) in einem Sippendorfe, wie es bereits Meitzen (Cod. dipl. Sil. IV.) an Domnowitz nachgewiesen hat. Das Hufendorf entstand als solches mit einem Schlage, das Sippendorf dagegen allmälig durch fortgesetzte Theilungen ungleich großer Hausgemeinschaften in eine ungleich große Anzahl gleich großer hereditates.

Es ist daher anzunehmen, daß jene 4 heredes zwangs-, resp. strafweise auf die 8 Hufen Rodeland versetzt worden sind, oder selbe gegen Jahreszins übernommen und ihre persönliche Freiheit behalten haben. Dennoch lassen wir die Einwendung gelten, daß Choteisch ehemals ein Sippendorf und später — so früh! — in Gewannenhufen umgelegt sein konnte.

Aber auch dann wäre über die Gemeinfreiheit der Volksklasse der heredes nicht der Stab gebrochen, denn alle 4 Exemplare der Stiftungsurkunde haben diesen Anfang gemeinschaftlich: „. . Wratislaus . . quaedam propriae ditionis praedia, jure hereditario a fidelibus et nobilibus heredibus concambiata . . . contradidi . ." Es ist somit nicht ausgeschlossen, daß sich jene IV heredes freiwillig, aus Frömmigkeit, Noth, Schutzbedürfniß oder aus sonst einem Grunde in die Botmäßigkeit der Kirche gestellt haben.**)

---

*) Die eingeklammerte, für uns entscheidende Stelle kommt nicht in allen 4 Urkunden vor. Die älteste entstand erst Ende des 13. Jahrhunderts, die jüngste 100 J. später.

**) Beispiele davon sind nicht selten: Eine einzige Gründungsurkunde, die von Kladrau (Reg. I. Nr. 202), vom J. 1115 nennt 18 Gemeinfreie, welche 22½ Pflug Landes, dann 2 hereditates und 4 circuitus für ihr Seelenheil geschenkt haben. Darunter: „. . Cada . . dedit hereditatem suam post mortem suam . ." „. . Dobreho dedit terram . . et ea conditione, ut si filius ejus voluerit abbati servire, serviat pro terra; et si noluerit . . solvat hospitalitatem . ."

Nebſtbem finden wir folgende Nachrichten über unfreie heredes:

[1208 (Reg. I. Nr. 510. gefälſchte Urkunde): „. . praedium nostrum in Hosniz, quod more terrae nostrae duo rustici dedin jure possederant . .“]

1226 (Reg. I. Nr. 705) „. . dedimus . . heredes manentes in Clobuch . .“

1233 (Reg. I. Nr. 822) rex confert „. . praedium in villa Turan cujusdam heredis pertinentis ad Cladsco . .“

1292 (Reg. II. Nr. 1586) rex confert „. . medietatem ville nostre Chyrschin, in qua sunt heredes quidam et vigiles castri Prag. cum hominibus, agris, silvis . .“

1295 (Reg. II. Nr. 1675) praepositus capellae reg. in castro Prag . . „quod Stremoschnam et Sintz . . que propter violencias circumsedencium nobilium et vicinorum, a quibus ipsas defensare et protegere minime valebamus, modicum nobis fructificabant, tum propter viarum discrimina, quia census licet modicus, qui se cum omnibus utilitatibus ad XIII. tal. ratispon. den. extendebat, raro . . sine detrimento . . poterat abinde pacifice deportari, tum quia predictas villas ad maiorem censum locare nequiuimus propter incolas ipsarum villarum, qui se heredes, quod proprio vocabulo dedit z dicitur, affirmabant . . abbati Plazensis monasterii . . vendidimus pro CCC marcis puri arg. Prag. pond. . .“ (cf. Reg. II. Nr. 1863).

Bis zum Schluße des 13. Jhts finden wir alſo in ganz Böhmen und Mähren blos ſieben, reſpekt. ſechs Nachrichten über botmäßige heredes, die „älteſte“ in einer (Ende des 13. Jhts gefälſchten und cc. 1088 datirten Urkunde; die übrigen ſtammen ſämmtlich aus dem 13. Jht, alſo aus der Zeit des Zerfalles der Zupenverfaſſung. Aus dem 12. Jht haben wir keine einſchlägige Nachricht, was nicht zu überſehen iſt.

Unterſuchen wir nun die betreffenden Dorfkarten, ſo werden wir nicht wenig überraſcht, daß die Dörfer Choteiſch, Hoſchnitz, Klobouky, Chrjin und Tremoſchna (Bez. Pilſen) — von Turan, pert. ad Cladsco haben wir keine Kenntniß — kein Kennzeichen eines Sippendorfes tragen. Nur bei dem Dörfchen Seuetz (Bez. Pilſen) könnte man allenfalls im

Zweifel sein. Grund genug, um ein hohes Alter dieses hereditates zu bezweifeln und die Vermuthung nicht abzuweisen, daß wir es hier nicht mit ehemaligen gemeinfreien Sippendörfern, sondern mit Robeländereien zu thun haben, welche „d e d i n i u r e", mit dem alten herebitärenBesitzrechte ausgestattet waren.

Näheres über dieses dedin ius erfahren wir erst aus der letzten Urkunde, v. J. 1295, also aus einer Zeit, als die Lage der altböhmischen Bauernschaft bereits sehr und gewiß nicht zu ihren Gunsten geändert war.

Die Urkunde sagt: D i e h e r e d e s s i n d u n a b= s t i f t b a r , z a h l e n i m V e r g l e i c h e m i t d e n d e u t= s c h e n W a l d h u f e n d ö r f e r n e i n e n u n v e r h ä l t= n i s m ä ß i g g e r i n g e n J a h r e s z i n s *) , d e r n i c h t g e s t e i g e r t w e r d e n s o l l. Der hohe Kaufschilling (300 Mark) ist bei den damals üblichen 10% Zinsen in gar keinem Verhältniß zum Ertrage (13 Regensb. Thal.) und läßt vermuthen, daß sich der neue Grundherr um den kaum nachweisbaren Rechtstitel der Bauern, qui se heredes a f f i r m a b a n t, kaum scheren dürfte.

Bemerkenswerth in der Urkunde ist auch die Hervor= hebung der Unsicherheit des Besitzes, welche bei dem damals vollendeten Verfalle der Zupenverfassung nicht überrascht und wohl als Hauptgrund anzusehen ist, warum der gemein= und zinsfreie Kleinbauer — wie wir dies auch bei Hatzles (S. 28) besprochen haben — um Schutz zu finden, benivole se sub- iugavit und sich zur Zahlung eines geringen Jahreszinses verschrieb.**)

Sonst sind aber die Besitzrechte der heredes i. J. 1295 noch ebenso fest und unantastbar, wie britthalb Jahrhundert zuvor zur Gründungszeit des Sázawastiftes.

---

*) Tremošchna und Senek haben zusammen 1320 Joch mittelm. Aecker, 221 Joch Wiesen, 11 Joch Gärten, 240 J. Hut- weiden, 856 J. Wälder (1 Joch = 0·5755 Hektar) und zahlten vor der Regulirung bloß an Grundsteuer 1732 fl. ö. W.

**) Auch galt es als gottgefälliges Beginnen, sich der per- sönlichen Unabhängigkeit zu Gunsten einer Kirche zu begeben: „. . in villa . . in qua quidam homo . . cum filio suo . . veniens in ecclesiam . . ad conversionem, dedit terram suam." (1167. Reg. I. Nr. 319). — „voluntarie se servitio subdiderunt" heißt es cc. 1143 (Reg. I. Nr. 241).

Vollfreie heredes treffen wir noch cc. 1255 an: „.. item hereditatem quandam in Gemnik, quam eciam emi ab heredibus eiusdem loci." (Reg. II. Nr. 2792.)

Die Gemeinfreiheit der heredes schwand im 14. Jahrhundert und bloß die heredes — diediczi — von Stabitz bildeten fortan eine einzige Ausnahme u. zw. nur zur Ehrung des Ortes, aus welchem die königliche Dynastie abstammte. Aber der Begriff „heredes" lebte fort und bedeutete dann auch einen unabstiftbaren Hintersassen, mochte er sogar ein Höriger, zu nicht gemessenen Diensten verpflichtet, und mit weniger als einer Viertelhufe bestiftet sein: „.. in Trzcssowicz — bei Prag — sunt 18 aree, quas homines .. tenent cum agris et sunt diediczones perpetui et tenentur perpetue laborare ad infrascripta, quocienscumque necesse fuerit et fuerint requisiti . . ."*)

Dagegen lesen wir noch im Jahre 1346: „.. ego Havel dictus Kon heres in Nedabil ecclesie in .. decimas unius arature .. contuli .."**)

Nichts beweist die einstige Vollfreiheit der Volksgenossen deutlicher, als die Thatsache, daß ganze Volksmassen eines ausgedehnten Gebietes im Jahre 1186 als Zeugen in einer landesfürstlichen Urkunde auftreten: Fridericus, dux Boemiae schenkt dem Zwettler Stifte „praedium intra portam provinciae nostrae, cui nomen est Zazisich (Sohorsch bei Sonnberg) .. Testes huius rei sunt: ... vicinatus etiam adfuit, scilicet Movrichanj (Mairitz', Olesnichani (Clexnitz), Borowani (Forbes), Nichowani (Niechau), Tornani (Toben)." (Reg. I. Nr. 388.)***)

---

*) Registrum bonorum Strahow. a. a. 1410: Emler, Decem registra. S. 291.

**) Mitth. d. Vereins f. Gesch. der Deutschen in Böhmen. XXVII. Prag 1889. S. 331.

***) Clexnitz, Niechan und Toben sind Sippendörfer. — Auch Forbes ist ein Dorfbering; vermuthlich bei seiner Erhebung zu einem oppidum wurde seine Feldmark bedeutend, entweder durch Rodeland oder durch Einverleibung eines anderen Dorfes (wie es z. B. auch beim benachbarten Schweinitz der Fall gewesen ist) erweitert und in eine Art kulmischer Hufen gar kunstvoll umgemessen. — Mairitz lag 1186 hart am Grenzhage, ist ebenfalls ein Dorfbering mit sternartig gruppirten, massigen Bauernwirthschaften. Es ist von den Genannten das jüngste Dorf, trägt aber, wie natürlich, ein viel älteres Gepräge, als die landesfürstliche Rode Sohorsch, deren ganze Anlage und Dorfform flämisch ist.

Erst die Einführung des ius theutunicum hat unzähligen böhmischen Bauern eine gesicherte Existenz gebracht. Da aber die Urkunde über Tremoschna und Seneß ziffermäßig nachweist, daß sich die heredes noch in sehr späten Zeiten rücksichtlich des Grundzinses ungleich besser gestanden haben, als die eingeführten deutschen Kolonisten, so haben sie des ius theutunicum nicht erst bedurft, solange ihr „dedin ius" respektirt worden ist. Es wäre angezeigt, eine übersichtliche Karte Böhmens über die Ausbreitung des ius theutunicum herzustellen. Wir vermuthen, daß diese Ausbreitung in die Region der Rodeländereien fällt, und den alten Volksgebieten im Ganzen und Großen ausweicht.

Die eminente Sicherheit der Besitzrechte der heredes ist es auch, welche veranlaßte, daß das ius theutunicum, feodale, emphyteoticum, Burglehen, Burgrecht, auch ius hereditarium, Erbrecht, genannt wird (1204. Reg. I. Nr. 487. Reg. II. s. v. ius).

Daß auch die sogenannten „rustici" nicht so rechts- und bedingungslos, wie Hr L. meint, verschenkt wurden, beweist die Poreschitzer*) Urkunde v. J. 1229 (Reg. I. Nr. 753) „.. abbas Ostroviensis :.. quidam rustici nostri ex villa Porezic cum haberent agrum juxta Tyneczan, villam abbatis de Myleuzco, qui eis minus utilis erat, eo quod remotus valde esset, impetrata a nobis licentia, vondiderunt ipsum agrum .. abbati pro sexcentis denariis tali conditione, ut pro ipsis rubos exstirparent et agros sibi viciniores .. excolerent, quatinus per hoc nobis .. nihil deperiret .."

Poreschitz ist ein Dorfbering, dessen Feldmark bis heute die bziebzinenartige, durch Meißen an Domnowitz dargestellte (Cod. dipl. Sil. IV.) Auftheilung bewahrt hat, was mit „quidam rustici" übereinstimmt, daß es daselbst Gewannen nie gegeben hat. Das Dorf erlangte somit das ius theutunicum nie und die Nachricht vom J. 1229 basirt nicht auf deutschen Rechtszuständen.

Nach Herrn L. Theorie hätte der Ostrower Abt die als die seinen anzusehenden Felder für eigene Tasche ver-

---

*) Dieses Dorf wurde an das Ostrower Stift angeblich durch Fürst Ulrich (1012—1037) verschenkt (Reg. I. Nr. 100).

äußern können, während hier die r u s t i c i i h r Feld ver=
kaufen und das Geld f ü r f i c h behalten; daß sie dafür ein
Stück Waldes roden sollen, ist natürlich, auf daß dem Abte
an Zehent nichts abgehe. Solch einer Verpflichtung konnten
sich die Bauern nur freuen.

* * *

Zur Bezeichnung des Kleingrundbesitzes bedienen sich
die ältesten böhm. Schenkungs=Urkunden in den allermeisten
Fällen des Ausdruckes „terra"; terra ad unum aratrum, ad
duo (etc.) aratra. Aeußerst selten wird „hereditas" genannt,
augenscheinlich als Etwas grundsätzlich heterogenes; z. B.
„. . Hual . . dedit . . totam h e r e d i t a t e m suam scilicet in villa Glinen. Dobrehe etiam dedit t e r r a m ad
aratrum . . . (1115. Reg. 1. Nr. 202.)

Bei der knappen Ausdrucksweise unserer Urkunden,
welche die Begriffe der einzelnen termini als den Zeitgenossen
wohlbekannt voraussetzen, und uns gar keinen Anhaltspunkt
liefern, ist es nicht möglich, direkt festzustellen, was man
unter „terra" verstanden hat.

Soll dies die Uebersetzung der „země"*) sein, oder ist
vielmehr das Umgekehrte richtig? Im letzteren Falle: be=
diente man sich eines im Westen von Böhmen geläufigen
prägnanten Ausdruckes, um ein ähnliches heimisches Objekt
zu bezeichnen?

Dies dürfte wohl das Richtige sein:

Bei den Westdeutschen bildet frühzeitig die hereditas
einen schroffen Gegensatz zur terra:

H e r e d i t a s, Erbe, bedeutet den Vollbesitz eines
Dorf= und Markgenossen und ist identisch mit der terra
aviatica oder salica, an welcher das weibliche Geschlecht ur=
sprünglich kein, später nur subsidiäres Erbrecht besaß.

Der hereditas steht die t e r r a gegenüber, welche durch
Errungenschaft in der Ehe als R o b e l a n d oder sonstwie

---

*) Země zuerst cc. 1057 in einer gefälschten Urkunde (Reg. I.
Nr. 124). — 1325: „. . partem ville, que XV terras, sive laneos
boemicos continet censuales (Reg. III. Nr. 1053). — Das Urbar=
buch des Prager Erzbisthums cc. 1390 (Emler: Decem Registra
92 ff) stellt terra = laneus. (S. 94.)

entstanden ist und deßhalb theilweise der Frau zufiel. (Lamprecht. I. 1. S. 39—40.*)

Alles das paßt vortrefflich auch auf die altböhmischen Zustände:

Wir haben oben ausführlich dargestellt, daß die ältesten landesfürstlichen Schenkungen vornehmlich Robeland sind. Die Bezeichnung eines solchen ist der Ausdruck torra und zwar unzähligemal.

Auch das andere Kriterium, das zweifache Erbrecht finden wir in Böhmen wieder. Während noch in sehr späten Jahrhunderten bei Familien- und fingirten Gütergemeinschaften das weibliche Geschlecht keine Erbrechte besaß, finden wir bereits Anfang des 12. Jhts Grundbesitz in Frauenhänden.**)

In dem berühmten Entwurfe (Reg. II. Nr. 2245) Kg. Johanns v. J. 1310 ist zu lesen: „.. Antiquum etiam regnicolarum .. jus, quod aliquorum praedecessorum nostrorum regum Boemiae temporibus abolitum et abusu revocatum fuerat, renovantes, decernimus ..

---

*) Diese Entdeckung Lamprechts ist nicht hoch genug anzuschlagen; in ihrem Lichte hebt sich der Einblick in die ältesten Volkszustände wie in einem Stereoskope plastisch ab; sie bringt ein urkundliches Kriterium für jede einzelne Schenkung, während bisher nur der grundsätzliche Unterschied zwischen Erbland und Robeland im Allgemeinen bekannt war. Dieser Unterschied wird bereits in der Bibel sehr deutlich betont: Jakob sprach zu Joseph: „.. ich verleihe dir einen Bergrücken mehr als jedem deiner Brüder, was ich den Amorhitern genommen mit meinem Schwerte und meinem Bogen." (Gen. 48, 22.) — „.. Die Söhne Joseph redeten zu Josue: Warum hast du mir als Erbe nur ein Loos und einen Theil gegeben, da ich doch so zahlreich bin..? .. Josue sprach..: Wenn du ein großes Volk bist, so ziehe hinauf in den Wald und rode dir Raum... nicht sollst du ein Loos haben, vielmehr das Gebirge soll dein sein, welches eigentlich Wald ist, den rode aus, so daß du gewinnest viele Lichtungen.." (Jos. 17, 14.—18.) Hier haben wir also ein regelrechtes Briefland und ein Ansiedlungsprivileg vor uns.

**) Cc. 1102 „.. suberam meam post mortem meam, scil. V villas .. totam familiam et quidquid habeo, dimitto uxori meae .. Si vero .. morietur, postea sint omnia mea .. (ecclesiae) .. pro anima mea. (Reg. I. Nr. 190.) — 1132: „.. Suberam quoque patris mei ac matris meae .. meamque eis subjugavi. Primum Rouen silvam cum campo ..." (Reg. I. Nr. 219).

quod quicunque filiis masculis non relictis decesserit, filiae superstites in hereditate et bonis paternis succedant. Si autem nec filios nec filias habens, et nulla de bonis suis . . dispositione facta decedat, proximiores usque ad quartum consanguin. gradum masculi vel femini sexus heredes in bonis suis omnibus et hereditate succedant . . . ."

Auch noch nach dieser Urkunde ist das Erbrecht der Frauen nur ein subsibiäres. Weiter möge der Unterschied zwischen bona und hereditas nicht übersehen werden. Namentlich fällt es auf, daß ein so fundamentales antiquum ius hätte je unberücksichtigt werden können.

Aus dieser ganzen Wirrniß ist Lamprechts Entdeckung ein sicherer Faden:

Die hereditas kennt ursprünglich keine Frauenerbfolge; ist kein Sohn da, und kein proximus indivisus, tritt der Heimfall ein.

Die terra wird subsibiär an Frauen vererbt. Mit der Zeit weiß man nicht mehr, ob dieses oder jenes Grundstück eine hereditas oder Robeland sei; denn das Robeland kann durch langjähriges Verbleiben in einer Familie den Anschein einer hereditas erlangen. Die Sache wird noch verwickelter, wenn ein gemeinfreier heres oder gar eine Sippe Robeland erwirbt.

So verblaßte der principielle Unterschied zwischen den zwei Besitzarten und im 14. Jht. bezeichnete man mit dem Ausdrucke „hereditas" alles Mögliche und Unmögliche.

Das Robeland ist ein freieres, also besseres Eigenthum als die hereditas.

Es liegt im Interesse des Königs, seine wohlbegründeten, uralten Heimfallsrechte auf die hereditates nicht nur nicht geschmälert zu sehen, sondern selbe auch auf die zweifelhaften Fälle auszudehnen; er wendet sie auch auf das — oder wenigstens auf ungewisses — Robeland an.

Dagegen liegt es im Interesse der regnicolae, ihr ebenfalls wohlbegründetes und uraltes, freies Verfügungsrecht über ihr Robeland auch auf die hereditates zu erweitern.

Diese Divergenz der Interessen sollte nun zu großen Ungunsten des Königs ausgeglichen werden, indem sowohl bonu — erworbenes Gut — als auch hereditas — Erbgut — gleich zu behandeln seien u. zw. wie früher das Rodeland. Diese Vereinbarung ist nicht in Kraft getreten.*)

* *   *

Das böhmische Forschungsgebiet ist blos auf landesfürstliche Schenkungsurkunden beschränkt, die Forschung auf demselben kann demnach mit ihrer glücklicheren westlichen Kollegin nicht gleichen Schritt halten, sie ist vielmehr in vielen Stücken auf sie angewiesen und darf deren Ergebnisse nicht übersehen.

Aber deren neueste Ergebnisse sind auch sehr lehrreich und wir empfehlen Herrn L. namentlich nachstehende Stellen aus Lamprechts oft citirtem Werke zur eingehenden Würdigung:

„. . der Anbau, in der Verfassung der Völkerschaftsepoche ganz der Organisation staatlicher Interessen unterworfen, und keineswegs den natürlichen Normen der ihm immanenten wirthschaftlichen Entwicklung anheimgegeben, war auch im 5.—8. Jht mit nichten frei von allen durch Volksrecht und Staatsanschauung auferlegten Fesseln. Noch **herrscht überall die wirthschaftliche Gebundenheit des Individuums**: es gibt de facto **kaum eine Freizügigkeit**, es gibt kein eignes Wirthschaftsrecht, kein freies Verfügen über Grund und Boden, keine Nutzungsberechtigung individueller und ausschließlicher Natur, und vor Allem kein Erbrecht für Alle. Nur in der Vertretung durch den Geschlechtsverband findet das Individuum Sicherheit für Leben und Freiheit, wie andererseits das Geschlecht für die Ehre und den Rechtssinn seiner Sippenglieder einsteht. Und zum gegenseitigen rechtlichen und moralischen Schutz innerhalb des Sippenverbandes kommt die wirthschaftliche Fesselung des Individuums."

„. . bald konnte doch die Intensität auch eines gesteigerten Anbaues auf dem Salland der Vermehrung der freien und männlichen Bevölkerung nicht mehr folgen, man begann außer dem Salland Land aufzugewinnen. Hierzu aber **berechtigte überall und jederzeit nur eine königliche Besiedlungskarte**. Nicht als ob der freie Mann nicht auch ohne königliche Erlaubniß im Walde seiner Heimatsmark hätte roden dürfen: hier disponirte die Genossenschaft frei und selbstständig. **Aber über den Gesammtboden des Landes hatte doch wieder nur der König ein**

---

*) Näheres über diesen Gegenstand ist nachzulesen in Čelakovský's anregender Abhandlung: „Das Heimfallsrecht auf das freierwerbliche Vermögen in Böhmen." Prag, 1882. S. 5 ff.

oberstes Verfügungsrecht; es war ihm aus der Uebertragung der einstigen Rechte des concilium civitatis zugekommen und er benutzte es zur Ertheilung umfassender Rodungsprivilegien. Und wie die königliche Macht wuchs, so erstarkten die Rechtsvortheile des königlichen Rodungslandes; **schon die Lex Rib. bevorzugt das Briefland vor dem Salland.** Damit kehrte sich das Verhältniß beider Landklassen um; **Königsrecht ging vor dem Recht der Freien, Roderecht vor Sallrecht. Während der uralte Gedanke der innigen Verbindung von Salland und Freiheit der einzelnen Volksgenossen immer mehr verblaßte,** stützte sich die moderne Entwicklung des Familienrechts namentlich auf das Brief= und Rodeland. Hier zuerst erweiterten sich die strengen Fesseln des Erbrechts an Liegenschaften, die absolute Erbfolge der Männer geht hier zuerst, erst später am Salland verloren.."

".. Im 5. Jht noch war das Salland das Land besseren Rechtes gewesen, jetzt aber — Ende des 6. Jhts — war an seine bevorzugte Stelle das königliche Briefland getreten.." (Lamprecht I. 1. S. 50—51. 47.)

In Böhmen war es nicht anders. Räumlich verminderten sich die hereditates wohl nicht, wurden aber durch Theilungen fortgesetzt bedeutungsloser; der heres, Mitglied einer Hausgemeinschaft, die nur wenig Fußbreit Erbe ihr Erbeigen nannte, stand sich materiell schlechter, als ein vom Galgen begnadigter Verbrecher, dem der Landesfürst, sei es gegen gemessene, sei es auch gegen ungemessene Dienste eine Portion Rodeland zuwies, quae posteritati suae sufficeret (Reg. I. Nr. 108).

Die Klasse der heredes wurde immer ärmer, und wir begegnen dem terminus „pauperes"*) statt „rustici" in den Urkunden immer öfter.

Dennoch war der heres von seiner Scholle schwer trennbar. Nicht die Macht eines Dritten fesselt ihn an dieselbe, er selbst mag sich von ihr nicht lösen. Es gibt zu jener Zeit keinen solchen Verkehr, der eine, wenn auch minimale Freizügigkeit veranlaßt, oder auch nur erwünscht gemacht hätte. Eine solche ist ohne entwickelten Associationstrieb undenkbar. Nur an dem Familienherde fühlt sich der heres sicher, außerhalb der Gemarkung seines Dorfes ist er Frembling, Ungenosse, Heimweh und Gefahr treibt ihn in seine Hütte zurück zu seiner Sippe, auch wenn dort Milch und Honig kärglich fließt.

---
*) So auch bei den Deutschen. (Schröder, Lbch. d. deutschen Rechtsgesch. Leipzig 1889 S. 212.

Aber ganz andere Verhältnisse waren es, welche den Sturzstrom deutscher Kolonisation des Ostens veranlaßt haben: Die wetterharten, ersten deutschen Kolonisten m u ß t e n zum Wanderstabe greifen, denn das Meer raubte ihnen ihr Heimatsland, das sie so mühsam durch ihre wunderbare Associationskraft bis dahin gegen die Fluthen behauptet hatten, und auch sie hätte in ihren neuen Sitzen in den Slavenländern kein beneidenswerthes Los getroffen, wäre nicht gleichzeitig durch Gründung zahlreicher Städte und Marktplätze ein hinreichendes Verkehrswesen und Absatzgebiet geschaffen worden.

Und eben die beiden, für die Kolonisation großer Strecken unerläßlichsten Triebfedern: Associationskraft und Städteverkehr mangeln jedem streng hauskommunionistischen Volke gänzlich. Nichts ist für unsere Frage charakteristischer, als die Worte, welche ein dem Namen und Orte nach bekannter Serbe unseres Jahrhunderts gesprochen hat, als er angegangen wurde, einen seiner drei Söhne zum Erbtochtermann abzugeben: „Jeder Vater möchte gern — mein Mićun! — sein Kind glücklich machen. Nicht drei Söhne, sondern selbst w e n n i c h i h r e r n e u n, w i e J u g o v i ć h ä t t e, s i e f i e l e n m e i n e m H a u s e n i c h t z u r L a s t; denn auf dem Sohn bleibt das Haus und der Name, die Tochter aber ist eines Fremden Nachtmahl. Freilich würde ich Bojo glücklich machen, doch meinem Hause und meiner E h r e würde ich dabei schweren Abbruch thun, denn dies hieße nicht, meinen Sohn verheirathen, sondern a u s h e i r a t h e n, und so etwas bringt man nicht leicht ü b e r s H e r z..."*)

Ganze Hausgemeinschaften greifen wohl oft zum Wanderstabe und siedeln sich anderswo an, aber einzelne Hausgenossen im serbischen Binnenlande kann nur die grimmigste Noth dauernd vom Herde vertreiben.

Dem Böhmen des 10.—12. Jhts war das Verlassen der heimischen Scholle gewiß nicht leichter, und so war der Kolonisator h a u p t s ä c h l i c h auf durch Beute oder Kauf erworbene Sclaven und begnadigte Verbrecher angewiesen. Eben diese Noth an Kolonistenmaterial machte förmliche

---

*) Krauß, Sitte und Brauch der Südslaven. 1885. Seite 451—452.

Sclavenmärkte nothwendig, deren Existenz urkundlich erwiesen ist und von Niemandem bestritten wird.

Auch steht es fest, und ist psychologisch erklärbar, daß die unter Einheimischen in Fehden gemachten Gefangenen nicht als Kolonisten daheim benützt, sondern in die Fremde verkauft oder vertauscht wurden. Einen Menschen, außer in der Schlacht, zu tödten, war nicht gebräuchlich, einen im offenen Kriege gefangenen Nachbarn zum eigenen Knechte zu machen, gefährlich, denn er konnte sich blutig rächen, seine nicht ferne heimische Scholle erreichen und bei seiner Sippe Hehlung erlangen, deswegen schaffte man ihn in die Ferne.

Nicht so einen Verbrecher, der selbst an seinem eigenen Herde keinen Schutz fand und schuldbeladen aus seiner Sippe gestoßen, zum Ungenossen, wie Hr L. richtig betont, gemacht und mit Weib und Kind auf einen vorgeschobenen Posten gestellt wurde, auf daß er dort reißenden Thieren ein Stück Landes abringe.*)

Dem Kolonisator brachte es Vortheil, und Ottokar I. hat gewiß die Wahrheit gesprochen: „nec enim meae consvetudinis est, nec praedecessorum meorum, quempiam... ad mortem condempnare.." (1217. Reg. I. Nr. 581.)

Doch es wäre verfehlt anzunehmen, daß die gemeinfreie Volksklasse auf landesfürstlichem Rodelande gar zu schwach vertreten gewesen sei, denn Uebervölkerung des Volksgebietes zwang Einzelne zur Erwerbung von Roden.

Der Besitzer derselben, der Landesfürst, war aber gewiß nicht geneigt, Rodeland ohneweiters dem ersten Besten zu schenken, dagegen hatte der durch Noth von der Scholle seiner Sippe weggedrängte Gemeinfreie selten die Mittel, Rodeland zu kaufen. Er mußte sich also zu Zinsungen und Frohnen verpflichten, was ihn aber seiner persönlichen Freiheit keineswegs beraubte.**)

---

*) Eine gar rauhe Wildniß war z. B. das Hirzonische königliche Briesland, welches wir S. 27 sub 6 besprochen haben, und auf welchem wenige Einzelhöfe zerstreut lagen. Hier haben Bären am längsten in Böhmen gehaust.

**) „.. emancipavimus... omnia praedia eis collata.. cum eorum colonis et inquilinis et omni familia, sive sint liberi, sive sint servi, ab omni jure ad usus nostros.." (Reg. I. Nr. 660.)

Beweise bessen liegen, z. B. in einer einzigen Urkunde v. J. 1115 (Reg. I. Nr. 202), in schwerer Menge vor.

Wenn man daselbst liest: (donamus) „Radostam rusticum cum filiis suis, qui debet VII urnas mellis. Vgrin etiam nepotem Radoste, debitorem VII urnarum mellis . . ." so kann man nichts anderes darüber sagen, als daß nicht die Personen, sondern ihre Naturalzinsungen verschenkt worden sind.

So was will aber Hr L. durchaus nicht zugeben.

Kg. Johann verkaufte 1336 dem Peter von Rosenberg „castrum Sbyroh . . cum omnibus . . pertinenciis . . ., iure patronatus, vasallis, hominibus feodalibus, emphiteotis et ad glebam astrictis ac universis et singulis utilitatibus . ." (Reg. IV. Nr. 300). Einen „bedingungsloseren" Verkauf kann man sich wohl nicht denken, und wollte Hr L. konsequent sein, dann müßte er annehmen, daß der böhmische König im 14. Jht berechtigt war, seine vasallos und homines feodales — in Knechtschaft zu verkaufen.

Hr L. muthet dem Landesfürsten das Recht zu, jeden beliebigen Volksgenossen zu knechten, somit nichts geringeres, als — Menschenraub unter seinen eigenen Unterthanen.

Dies trachtet Hr L. auch urkundlich zu belegen. Sehen wir uns also die Belege der Reihe nach näher an.

„Dem Kloster Břewnow verspricht der Prager Landesfürst aus seiner Kriegsbeute jeden zehnten Mann (Erben 993 p. 33.). Es muß also die Sclavenjagd auch bei den Kriegen innerhalb Böhmens noch im Gange gewesen sein." („B." 3, 5.)

Die Stelle dieser gefälschten Urkunde lautet:

„. . in civitate quoque Pragensi . . decimum denarium de judicio et decimum hominem captivum et XXX animatores eorumque posteritatem cum XXX areis ad diversas officinas dispositos . ."

Rechtfertigt diese Stelle Hrn L. Erklärung?

„Aus einer anderen Urkunde geht hervor (Erben 1088 p. 79), daß die Gutsverwalter (villici) des Landesfürsten an den Herrschaftshöfen so wie Vorräthe aller Art, so auch solche an Sclaven ansammelten und bereit hielten. Aus diesen hatte z. B. der Prager villicus alljährlich . . dem Wyschehrader Domstifte — eine Magd zu schenken oder bei erschöpftem Vorrath den Werth von 600 Denaren dafür . . ." („B." 3, 5.)

Bei der von Hrn L. behaupteten freien Macht des Fürsten, jeden beliebigen Volksgenossen als Sclaven zu verschenken, ist es uns unersindlich, wie der Vorrath an Sclaven je hat ausgehen können.

„Seltsamer muß es uns erscheinen, daß in Böhmen mitunter die Qualität der Knechtschaft nicht blos an dem Manne, sondern auch an dem Grunde hing: und doch zeigen sich Beweise dafür. So schenkt Wladislaw (Erben 1086, p. 72) um das Jahr 1086 dem an der mittleren Elbe gelegenen Stifte Opatowitz das Dorf Ositz mit allen Knechten — servitute mancipatis — und einen Weinberg mit zwei namentlich genannten Winzern sammt ihrer Nachkommenschaft und bestimmt, daß „wenn irgend ein Freier in diese Besitzungen eintritt, ... derselbe in ähnliche Knechtschaft versetzt sein — simili servitute sit adstrictus — und knechtische Arbeit verrichten, dagegen vom Königstribute frei sein solle."

Hier erscheint zugleich der „Königstribut", den wir noch kennen lernen werden als das Zeichen einer relativen, d. h. einer Freiheit, wie sie der Bauer überhaupt bei seiner Beziehung zum Boden genießen konnte. Es wird nöthig sein, diese Freiheit noch näher kennen zu lernen; aber dieser eine Fall zeigt uns doch schon, daß es unter Umständen der Erwägung werth sein konnte, ob jene Knechtschaft ohne Königstribut oder diese Freiheit mit solchem und den anschließenden Bedingungen vorzuziehen sei." („B." 10, 2.)

Die Stelle lautet: „villam Ossicz cum omnibus servitute mancipatis ... obtuli ... si quis liber in eorum possessiones transierit, et predictas terras, Opatouicz, Ossicz possiderit, simili servitute sit adstrictus et servilia opera impendat, et absque tributo regis permaneat."

Schon der Name Opatowitz („Abtendorf") zeigt, daß dieses Dorf kein Sippendorf, sondern eine nova plantatio, also Rodeland war. Ueber Ositz sagt die Urkunde ausdrücklich, daß es von unfreien Kolonisten besiedelt, demnach Rodeland sei. Auf diesem Briefslande gehört gar nichts irgend einem Gemeinfreien; Seltsames ist somit nichts an der Klausel.

Eine Vorziehung jener Knechtschaft ohne Königstribut vor dieser Freiheit können wir aus der Klausel auch nicht herauslesen; im Gegentheil halten wir dafür, daß Niemand sich den „servilia opera" entziehen durfte mit Berufung darauf, daß er als liber den Königstribut zahle.

Nun frägt es sich, wie hoch ober wie niebrig das iugum servitutis zu tariren sei. Eine Urkunde v. J. 1281 (Reg. II. Nr. 1241) sagt barüber: „... fidelem nostrum Horinam, famulum .. suosque heredes duobus laneis .. inuestiuimus iure feodali seu etiam emphyethetico, quod .. burchrecht nuncupatur .. si .. Horina seu sui heredes noluerint fore sub i u g o s e r u i t u t i s, ex tunc de laneis sibi datis .. unam marcam argenti singulis annis nobis .. soluere teneantur, securi ab omni impetitione collectarum, obsequiorum ceterorumque iudiciorum predicta bona ... retinentes ..."

Wie bekannt, erfreuten sich nur wenige der emphy=teutischen Dörfer eines so niebrigen Jahreszinses, ½ Mark pro laneo, u n b b i e s e r B e t r a g w i r b 1281 b e m i u g u m s e r v i t u t i s a l s ä q u i v a l e n t g l e i c h = g e s t e l l t.

Herr L. fährt fort:

„Der Fall ist auch nicht vereinzelt. Nach Urkunde von 1115 (Erben 1115, p. 90) hat Jemand für sein Seelenheil seinen Grund dem Kloster Kladrau geschenkt und dabei seinem Sohne es freigestellt, entweder für die Benützung dieses Landes dem Abte als Knecht zu bienen, ober, wenn er das nicht will, bie „Hospitalität zu lösen". Was nun bieser christlich milde Ausdruck — solvere hospitalitatem — heißt, das erklärt uns die schon angeführte Urkunde von 1078 (Erben 1078, p. 69) etwas genauer. Die betreffende Schenkung gedenkt das Stift St. Stephan bei Olmütz mit Sclaven für alle möglichen Verrich=tungen ausreichend zu versorgen, mit Mahlknechten, Bäckern, Köchen, Stubenheizern, Töpfern, Zeidlern, Fischern und Acker=knechten. Von diesen kann der Geschenkgeber, der mährische Herzog Otto, einen Theil aus seinen Sclavenvorräthen in natura entnehmen; die Anderen müssen für die genannten Dienste durch seinen Kämmerer erst gekauft werben: et hoc est sciendum, quod ex hiis, quos enumeravimus, alii servi, alii sunt p r e t i o i n t r o d u c e n d i. Zu den Letzteren gehören 4 Knechte als Fischer und 7 als Ackerer. Diese sollen um je 300 Denare für den Kopf gekauft — et p r o c a p i t e singulorum dandum est pretium 300 denariorum — und mit der Maßnahme eingeführt werden, daß wenn sich Einer einmal aus der Knechtschaft befreien will, er benselben Preis, für den er gekauft wurde, zurückzuerstatten hat, so daß dann um diesen selben Preis ein Anderer einge=führt werden soll — also immer ohne Schaden des Klosters." („B." 10, 3.)

Die Stelle lautet: „. . dedit terram ad aratrum .. ea conditione, ut si filius ejus voluerit abbati servire, serviat pro terra; et si noluerit abbati servire, solvat hospitalitatem..."

Hr L. erklärt also das „solvat hospitalitatem" aus einer anderen Urkunde und siehe da, in dieser Urkunde kommt der Ausdruck — gar nicht vor, sondern etwas ganz Anderes: „.. si aliquando velit aliquis eorum de servitute exire, reddat pretium, quod datum est pro eo et alius ex eo pretio introducatur eodem ordine.."

Ist denn Beides dasselbe? Die letztere Stelle beweist wohl, daß eine derartige Behandlung eines gekauften Sclaven immer noch sehr stark an jene alten Zeiten erinnert, von denen der Bericht des Kaiser Mauritius gilt („B." 10, 2.), aber über das „solvat hospitalitatem" gibt sie nicht den geringsten Aufschluß. Die Sache steht doch so: Der Vater schenkt seine terra, also Robeland, denn eine hereditas dürfte er nicht verschenken, weil ein Sohn da ist. Seinen freigeborenen Sohn kann er nicht mitverschenken, daher stellt er diesem frei, für die terra zu dienen, oder das Dienstverhältniß zu lösen und frei, ohne Lösegeld von dannen zu ziehen.

Hr L. hat demnach drei ganz und gar disparate Nachrichten, eine durch die andere zu deuten versucht.

Hr L. führt weiter aus („B." 10, 3.), daß durch das große Privilegium v. J. 1222 „der Knechtbauer des Kirchengutes von einer ebenso großen Last der Landesfrohnen befreit wurde, als diese nur auf den Rest vertheilt, dem Bauer des Adels und der Fürsten eine Zubelastung werden mußte."

Diese Ansicht wird wohl allgemein getheilt, aber sie ist nicht ganz richtig.

Die meisten Landeslasten hingen nämlich mit der Administration und Jurisdiktion zusammen; nachdem aber das Verwaltungs- und Gerichtsgebiet durch Exemtion der Kirchengüter decimirt und mehr noch als decimirt worden, ist es unfaßbar, daß der Rest der Bevölkerung dadurch eine bedeutende Zubelastung erlitten hätte, umsoweniger, als eben durch die Exemtion der Verfall der Zupenverfassung beschleunigt wurde.

Hr L. faßt die bisher besprochenen „Knechte" in den Begriff „Knechtschaft des Ungenossen" — nur mit theilweiser Genauigkeit — zusammen und bespricht dann die unterschiebliche Verwendung dieser Unfreien als „Hofknechte" und „bestiftete Knechte". Ganz richtig, von „Knecht" abgesehen, sagt Hr L. — Wocel gegenüber — daß aus den Letzteren jene Kolonien entstanden sind, für welche heute noch die böhmischen Ortsnamen Žernoseky (Mühlsteinschläger), Koloděje (Radmacher), Mydlovary (Seifenkocher) u. s. w. Zeugniß ablegen. Dann bespricht er den qualificirten Dienst bei Hofe, dessen Beflissene ministeriales (Reg. I. Nr. 124) heißen. Diese ministeriales wurden ebenso frei gekauft und verschenkt, wie die anderen Unfreien und Hr L. wird Palacký gegenüber immer Recht behalten, daß die ministeriales mit den späteren lehenspflichtigen, persönlich freien nápravníci in der That nichts gemein haben, und daß ihnen keineswegs freistand, ohne Lösegeld den Dienst zu verlassen.

Maßlos finden wir folgenden Satz:

„Ebenso machte Rastislaw in Mähren nach Angabe des Prager Bischofs Severus (1062) der Kirche zu St. Peter in Olmütz im Jahre 865 (Boczek, Cod. dipl. I p. 32) das fürstliche Geschenk „aller Leute im Schlosse und den Burgflecken bis zum Ufer der March". Sicher also gab es schon damals in dem slawischen Mähren einen solchen Mangel an „Freiheit und Gleichheit", daß man Menschen verschenken konnte." („B." 13, 1.)

Jeder Burgflecken war ausschließlich von unfreien Ministerialen besiedelt und auf seinem Boden haben Gemeinfreie keinen Antheil.

Nun wendet sich Hr L. zur spekulativen Besprechung der Gesellschaftsformen innerhalb der alten Patriarchalfamilie („B." 13, 2. ff.). Er gibt hier wohl zu,

„daß sich der Begriff und Name der eigentlichen Knechtschaft, wie sie insbesondere die Wahl der in Deutschland gebräuchlich gewordenen Namen anzudeuten scheint, aus dem Wesen der Knechtschaft des Ungenossen entwickelt hat; aber doch zeigen sich in der Entwicklung von Gesellschaftsformen gerade auf slawischem Gebiete, wenn auch nicht auf diesem allein Vorgänge, welche innerhalb der alten Patriarchalfamilie ohne Zutritt des Ungenossen zu Institutionen führten, die in vielen Punkten derjenigen der Knechtschaft gleich oder ähnlich waren und so allmählich nach dem Modelle jener weitergebildet wurden, bis sie auch deren Namen annehmen konnten.*) Wir werden also gezwungen sein, jetzt zunächst diese Vorgänge und diese Art

---

*) Im Einklange damit sagt Hr L. („B." 10, 3.): „Aus der Legende des heiligen Adalbert ist es bekannt, daß der altčechische Ehemann das Recht beanspruchte und übte, die in Un-

socialer Schöpfungen zu betrachten, um dann mit diesen gemeinschaftlich jenes Casatenthum zu betrachten, gleichviel, aus welcher Wurzel es stamme.

Der Casatus ist, wenn auch hausgeboren, doch ein ursprünglich aus der Fremde stammender Knecht, dem der Boden nicht gehört, den er zu seiner Unterhaltung bebaut. Es gab aber — bei Germanen wie bei Slawen — eine Zeit, da auch der geschlechtsangehörige „Genosse" den Boden, den er bebaute, nicht zu Sondereigenthum hatte. Er gehörte der Gesammtheit, und wenn sich nicht früher ein Sondereigenthum an demselben entwickelt hatte, ehe das hausväterliche Amt eine Sonderfamilie an sich gerissen hatte, diesem Oberhaupte. So haben wir in Böhmen allen Grund und Boden am Beginne der urkundlich bezeugten Geschichte ausschließlich im Besitze jener Fürsten gefunden, welche auch nach der Auffassung von Palacký, Tomek u. A. nur als die mächtiger gewordenen Starosten alter Zeit zu betrachten sind."

Auf dem ganzen Erdrund gab und gibt es kein Volk, von welchem das Gesagte in einer so allgemeinen Ausdehnung je gegolten hätte.

Bei allen bekannten Völkern besitzt jede **engere** Familie einen **festbestimmten** Antheil am avitischen Grund und Boden, sei er real, sei er quotal, und die Größe des Antheiles richtet sich mit nichten nach der männlichen Kopfzahl, sondern nach der Stufe der Parentel, im Verhältnisse zu dem Urahn, der bei Einnahme des Landes eine der gleich großen — realen oder ideellen, ist einerlei — sortes erhalten hat.

Eine große Hausgemeinschaft, von mehr als 4 Generationen hat nie und nirgends die Grundlage eines Volksorganismus gebildet. Keine Urkunde der Welt meldet eine solche unzweifelhaft an.

---

treue betroffene Frau ohne Gerichtsverfahren eigenmächtig zu enthaupten. Auch das zeugt von einer so weit erstarkten väterlichen Gewalt, daß durch sie die **Grundvoraussetzung der Knechtschaft erfüllt ist."** Richtiger wird wohl die gegentheilige Deduction sein: das Recht der Selbsthilfe namentlich in Ehrensachen hat nicht Knechtschaft, sondern persönliche Freiheit zur Voraussetzung und Folge. Ein Knecht hat gewiß nicht das Recht, seine Gattin zu tödten, denn ihr Leib gehört dem Herrn. Noch heute hat der Montenegriner, in dessen Heimat keine Ständeunterschiede, keine Knechtschaft zu Hause war und ist, das Recht, die untreue Frau sofort zu tödten.

Es ist kein Volksgesetz bekannt, welches den Sippengenossen zwingen möchte, nach dem Tode des Hausvaters in der Gemeinschaft zu verbleiben, aber für das gerade Gegentheil liegen ungezählte Belege vor.

Wenn auch hie und da der Grundbesitz real und dauernd nicht abgetheilt ist und einer wechselnden Nutzung unterliegt, so ist auch in diesem Falle die Größe der Quote genau und unwandelbar bestimmt; sie bildet keinen unmittelbaren Theil des ganzen Volksgebietes, sondern einen, nach der Stufe der Parentel bestimmten Antheil an der Quote der höheren Parentel. Der Hausgenosse ist nicht — wie Lamprecht I. 1. S. 43 meint — Nutznießer von Geschlechts wegen, sondern von Vaters wegen.

Nach Theilung der Hausgemeinschaft ist jede abgetheilte Familie volle Herrin ihrer festen oder wechselnden Quote.

Die Abgetheilten können auch ferner im politischen Zusammenhange verbleiben und einem gemeinsamen Oberhaupte gehorchen; dies ist noch bei den heutigen Südslaven der Knez, welches Wort mit dem deutschen „König" auch etymologisch zusammenfällt. Der Knez verfügt aber über Grund und Boden der einzelnen Hausgemeinschaften nicht im Geringsten, und nur der Starost, starješina, ist der wirthschaftliche und besitzliche oberste Vertreter der Hausgemeinschaft.

Wir kennen keine unzweifelhafte Angabe, daß es bei irgend einem Volke anders gewesen wäre und die vergleichende Rechtsgeschichte hat bereits wenigstens das festgestellt, daß je primitiver ein Volk, desto loser seine Blutsbande sind, desto schneller sich die Sippengenossen wirthschaftlich von einander trennen und selbstständige Wirthschaftseinheiten bilden. Bei ihnen werden Ansprüche auf Grund und Boden nicht von der Volksangehörigkeit abgeleitet, sondern von der Angehörigkeit zu der zu trennenden Hausgemeinschaft.

Es ist durch alle bekannten Beispiele widerlegt, daß es auch nur Einen Volksorganismus je gegeben hätte, von dem man auch nur mit einem Scheine von Möglichkeit denken dürfte, was Hr L. von den alten Böhmen sagt:

„Es gab .. eine Zeit, da auch der geschlechtsangehörige „Genosse" den Boden, den er bebaute, nicht zu Sondereigenthum

hatte. Er gehörte der Gesammtheit, und wenn sich nicht früher ein Sondereigenthum an demselben entwickelt hatte, ehe das hausväterliche Amt eine Sonderfamilie an sich gerissen hatte, diesem Oberhaupte." („B." 13, 2.)

Und diese Unmöglichkeit bildet die Grundlage für die ganze weitere Auseinandersetzung Herrn Lipperts.

Diese Unmöglichkeit verwandelt sich nicht in ihr Gegentheil, wenn Hr L. einen anderen Schriftsteller citirt, mit dem er darin übereinstimmt,

daß diese „Bauern nichts anderes waren, als die entferntere Verwandtschaft ihrer ursprünglichen Obrigkeit, d. i. derjenigen engeren Familie, welche die Starostengewalt über die ganze Familie an sich gezogen und sodann das Familiengut unter die übrigen auf die Art vertheilt hatte, daß diese ihr von ihren Antheilen Abgaben und Roboten leisten mußten." („B." 13, 3.)

Ueber dieses ehemalige „Familiengut" und über die Leiber der ganzen Masse der darauf sitzenden Bevölkerung, der „Originarier", verfügt der Starost nach eigenem Gutdünken unumschränkt, meint Hr L., und sagt weiter:

„Sobald aus dem Starosten des Einen Geschlechts ein Fürst geworden war, der ein aus mehren Gauen gebildetes Gebiet beherrschte, mußte immer wieder bezüglich einiger Gaue dasselbe Verhältniß des Fremdseins eintreten. Geschah die Verschmelzung, wie nicht selten, im Wege der siegenden Gewalt, so lag das sich ergebende Verhältniß des Ungenossen als Analogie allzu nahe. Wenn sich dann noch eine auf die Nutzungen des Landes angewiesene Beamtenregierung zwischen das „Volk" und den Starosten schob, so mußte der ideale Vorzug jener „Originarier" allmählich jede praktische Bedeutung verlieren.

Eine weit vorgeschrittene Auffassung dieser Art sehen wir bei den Landesfürsten selbst schon vorwalten, als sie ihre Güter — Landesgüter gab es damals nicht — zu eigenen „Seelgeräthen" an die Kirche verschenkten, also ehe noch der Einfluß „fremder Priester" auf die Socialverhältnisse in Böhmen von umgestaltender Wirkung gewesen sein konnte. So suchen wir in den meisten Fällen, deren einige zum Schluß noch angeführt werden sollen, vergeblich nach irgend einer Andeutung eines socialen Unterschiedes der vielen den Klöstern zugewiesenen Personen, wenn es auch selbstverständlich war, daß der Fürst einen Jeden nur mit der Auflage jener Verpflichtungen zuweisen konnte, mit denen er ihm selbst verbunden gewesen war. Wie sie uns aber in den Urkunden schon als eine gleichartige Masse erscheinen, so mußten sie es mit der Zeit auch in der That immer mehr werden. Die freigebigen, beziehungsweise in ihrer noch heidnisch schreckhaften Natur um ihr Seelenheil übermäßig, mehr jedenfalls als um die noch unbekannt schlummernde Frage

der Gesellschaftswohlfahrt besorgten Fürsten fassen diese M a s s e
elbst n u r noch unter Einem Gesichtspunkte zusammen: a l l e
o h n e A u s n a h m e sind unterschiedlos Schenkungsobjekte für
die landesfürstliche Seelenwohlfahrt, für „Seelgeräthe" d. i. für
die Stiftungen „pro anima" und heißen deßhalb als solche „proanimati" oder „animatores", was in dem Cechischen „záduši" und
„dušníci" seine Uebersetzung findet. (Belege bei Erben, Glossarium
v. dušnik.)" („B." 13, 3—4.)

Wohlgemerkt: Das Glossarium (Reg. I. S. 808) soll
uns sagen, daß a l l e Unterthanen „ohne Ausnahme, unter=
schiedslos Schenkungsobjekte für die landesfürstliche Seelen=
wohlfahrt" sind, also auch die „Originarier". Die Stelle
nachgeschlagen, was finden wir dort? D r e i B e l e g e , o h n e
d i e g e r i n g s t e A n d e u t u n g , ob der „dušník"
ein „originarius", ein „servus" oder sonst
w a s i m m e r s e i.*)

Unmittelbar darauf läßt sich Hr L. vernehmen:

„Wie groß, wie fast unbeschränkt aber die Vollmacht der
fürstlichen Beamten über jene O r i g i n a r i i war, und wie sehr
gerade sie dazu beitrugen, den Stand derselben zu einem im
e l e n d s t e n S i n n e g e k n e c h t e t e n herabzudrücken, auch
darüber geben uns die Urkunden nicht mißzudeutende Andeu=
tungen. Als Spytihněw — um 1057 — eine solche A n i m a t o =
r e n f a m i l i e dem h. Stephan zu Leitmeritz schenkte, spricht er
sie von aller Landesfrohne frei — ut ab omnibus terrenis negotiis libera existeret — d. h. von jenen Leistungen, über deren
Art und Ausmaß eben seinen Beamten die Verfügung zustand,
und unterstellt sie dafür dem Capitel, dem sie „a l l e s N o t h =
w e n d i g e zu leisten hat" — cuncta faceret necessaria. Dieses
„cuncta necessaria" ist also als Gegengewicht die „Abmessung"
jener Dienste, und man muß wohl gestehen, daß maßloser nicht
gemessen werden kann. Was erübrigt noch, wenn der Fürst oder
sein Beamte von dem Originarier weiter nichts verlangen kann,
als „cuncta necessaria! Und doch entspricht das ganz dem na=
türlichen Verhältnisse des G e s c h l e c h t s g e n o s s e n zu seinem
patriarchalen Familienhaupte, nur daß bei Uebertragung auf das
blutsfremde Haupt die mildernde Rücksicht auf das verwandte
Blut, so schwach sie auch schon gewesen sein mag, nun ganz weg=
fiel." („B." 13, 4.)

---

*) 1057 (sic!): „Vlah dal iest Doleass zemu Bogu i ssvatemu
Scepanu sse dvema dussnicoma." (Vlah dedit t e r r a m in Dolan
Deo et s. Stephano cum duobus proanimatis). — 1115: „de Lipan
Ten dusnik" (in der Confirmation v. J. 1186: „de villa Lippan
Then dusnik cum t e r r a sua). — 1233 „circa s i l v a m de Kletch
unum hominem, qui vulgariter dusnik nuncupatur."

Diese ganze Schilderung der jammervollen Lage der originarii, der nach Hrn L. Ansicht meistbegünstigten Volksklasse, ist von Anfang bis zu Ende ein Phantasiegebilde. In der betreffenden Urkunde finden wir davon keine Spur, sondern:
„Cum .. Spitigneus .. dux ecclesiam .. construxisset, familiam hanc ad eandem praedictam ecclesiam pro remedio animae suae tali tenore est largitus: ut ab omnibus terrenis negotiis libera existeret, nisi tantum praeposito et fratribus ejusdem ecclesiae cuncta faceret necessaria. Igitur de omni arte ab omnibus suis civitatibus, sicut ad principis decet ministerium, de familia destinavit virum cum uxore et filiis filiabusque ad unamquamque artem pertinentem..." (Dobner: Annales Hageciani. V. p. 355.)

Der Fürst schenkt also keinen Originarier, sondern ein großes Gesinde (= familia), bestehend aus einer Anzahl unfreier Ministerialen!!

Der darauf folgende Beleg („B." 13, 4.) über Gewaltthätigkeiten der Castellane*) gibt über die Rechtszustände der originarii ebenfalls keinen Aufschluß; die Urkunde sagt nicht einmal, welcher Volksklasse die fortgelaufenen homines angehört haben.

„Eine zweite principielle Unterscheidung des Originariers vom Knechte lag in dem verschiedenen Gerichtsstande beider. In Deutschland bildete gerade dieses Merkmal die verhältnißmäßig verläßlichste Stütze der Freiheit — in Böhmen nicht; dennoch bestand jenes auch hier. Der Knecht gehörte unter das Hofrecht, der Originarier dem Principe nach unter das Land- beziehungsweise Provincialrecht: aber auch dieses ist in Böhmen nur ein fürstliches Hofrecht. Die deutschen Stämme haben sich in verschiedenen Entwicklungsarten, im Grunde aber doch durchwegs das Princip des genossenschaftlichen Volksgerichtes wenigstens in der Form des alten Schöffengerichtes erhalten, und die Formen desselben haben sich dort sogar in das auf patriarchalischer Grundlage entstandene Hofrecht siegreich eingedrängt. In Böhmen ist umgekehrt nur die patriarchale Gerichtsform, gegründet auf das Verhältniß des Starosten zur Geschlechtssippe mit einer nach und nach immer mehr verdrängten Beimischung von freien Schiedsgerichten zur Entwickelung gelangt. Von

---

*) „.. In villa .. Lozic dedi .. quod homines, vim castellanorum ferre non valentes, desertum reliquerant." (1167 Reg. I. Nr. 319.)

einem genossenschaftlichen Gerichte, entsprechend etwa dem nordischen Härads- oder deutschen Gaugerichte, ist in den ältesten Urkunden der böhmischen Geschichte ebenso wenig eine Spur zu finden, wie von einer freien **Mark- oder Gaugenossenschaft.**" („B." 16, 1.)

Uns reicht hin, daß Hr L. eine Gerichtsform „mit einer ... Beimischung von freien Schiedsgerichten" zugesteht und bemerken nur, daß ein Unterschied zwischen Starost und Kněz zu machen ist. Dem Kněz steht die Gerichtsbarkeit zu, aber der Kněz ist **kein Patriarch, kein Stammstarost,** sondern er ist zugleich auch Starost nur seiner engsten Hausgemeinschaft, dem **kein Verfügungsrecht über Grund und Boden der übrigen Hausgemeinschaften zusteht.**

Daß und **warum** es keine, also auch keine „freie Mark- oder Gaugenossenschaft" im Gebilde des reinen Hauscommunionswesens geben kann, haben wir oben dargestellt. Der Mangel einer solchen kann aber nicht als Beweis einer Unfreiheit des Volkes angesehen werden, sondern führt zum Gegentheile: **volles Verfügungsrecht der kleinsten Wirthschaftseinheit über ihr Gebiet.**

Hr L. glaubt das Gegentheil und meint, der Fürst hätte dem originarius dessen Grundstück beliebig wegschenken können:

„Dieses Recht, den Bauer von dem Grunde, der ihm nur zur Nutznießung diente, abzurufen, ist ein ganz folgerichtiger Ausfluß des patriarchalischen Verhältnisses, in welchem die böhmischslawische Geschlechtsverfassung verblieben ist. Ursprünglich kann auch mit einer solchen Abstiftung ein Unrecht gegen den Bauer oder auch nur ein größerer materieller Schaden desselben nicht verbunden gewesen sein, denn dem Rechte des Hausvaters, den Einzelnen von seiner Grundpfründe abzuberufen, stand die selbstverständliche Pflicht gegenüber, den Abberufenen in anderer Weise aus den Gemeindemitteln der Geschlechtsgenossenschaft zu ernähren; er wäre, wenn der Starosta nicht anders verfügte, wieder ein praebendarius der Hofküche, ein näherer Hausgenosse des Herrn geworden. Daß aber die Herrschaften unter allmählig geänderten und unklarer gewordenen Verhältnissen auf diese ihre Pflicht eher vergaßen als auf ihr Recht, daß die über eine andere Organisation als diese patriarchale nicht verfügenden Unterthanen kein Mittel besaßen, ihr Recht wirksam zu wahren, das hat am wesentlichsten dazu beigetragen, der böhmischen Socialgeschichte jene bekannte Wendung zum Schlechteren zu geben.

Die böhmischen Fürsten der ältesten Zeit haben das Recht, auch den „Originarius", den Bauer überhaupt von seinem Grunde zu entfernen, sicher nicht geübt, ohne der alten Pflicht in irgend einer anderen Weise sich eingedenk zu zeigen; aber **geübt haben** sie es unzweifelhaft in vielen Fällen. In einer Urkunde von 1197 (Erben 1197 p. 194) erscheint die Verpflichtung des Grundherrn zu anderweitiger Entschädigung der Abgestifteten ausdrücklich anerkannt, doch hat jene schon die Form einer Abfindungssumme angenommen. Der Abt von Tepl erhält eine Anzahl Güter, auf denen Leute mit der besonderen Verpflichtung zu Waffenschutz also „milites" — bestiftet sind. Sollte diese der Abt aus Misstrauen zu ihnen lieber entfernen wollen, so soll er jedem, der einen ganzen Weiler hält, 5 Mark herauszahlen und Pflugrecht und Dorf für sich behalten. Die aber auf den Dörfern im Walde sitzen, haben **gar keine** Entschädigung zu beanspruchen."

(„B." 16, 2.—3.)

Die Stelle lautet: „... **Milites** mei, qui a me **praedia mea** tenent, **ne aliquid contrarietatis Deo et abbatiae, quam fundavi, moliantur**: qui aratrum habet, abbas Theplensis duas marcas ei persolvat, ut aratrum recipiat; qui vero integram villam tenet, V marcas ab abbate percipiat, et cui voluerit, serviat. De villis autem, quas in **silvis** tenuerunt, nichil solvat ecclesia .."

Auch hier ist von einem „originarius" keine Spur. Ein miles, qui a comite suo, Groznata, praedia tenet, ist doch nichts anderes, als ein freier, bestifteter Kriegsmann. Groznata war Markgraf, der zur Vertheidigung der Landesgrenze einer Anzahl tüchtiger Waffenträger — auf Kündigung — bedurfte. Diese konnten ihrem neuen Herrn, dem Stifte, gefährlich werden, daher sollte ihre Verabschiedung in die Macht des Abtes und zwar unter voraus genau bestimmten Bedingungen gelegt werden. Diese sind von hohem Interesse: Warum war der Abt **nicht** verpflichtet, gerade für die in **silvis** liegenden Dörfer Ersatz zu leisten? Hier haben wir einen weiteren, sehr klaren Beleg, daß der Fürst **nur über** die einstige res nullius, das außerhalb der Volksgebiete belegene Rodeland volles Verfügungsrecht besaß. Groznata verlieh Nutzungen am Rodelande für Kriegsdienste: bedurfte er dieser nicht mehr, konnte er das Rodeland ohne Ersatz einziehen, aber Dörfer außerhalb des einstigen Waldes konnte er ohne Entschädigung **nicht** einziehen und daraus folgt, daß die betreffenden milites **diese** Dörfer nicht als Präbenden, sondern unter ganz anderen Rechtstiteln inne hatten.

Hier tritt somit ein scharfer Gegensatz zwischen zwei Dorfarten auf, demjenigen entsprechend, welchen Lamprecht zwischen terra (Rodeland) und hereditas (Erbland) entdeckt hat.

Es ist mehr als wahrscheinlich, daß auch die außerhalb des Waldes belegenen Tepler Dörfer (integrae villae) und Dorftheile (aratra) auch solche hereditates waren, nur wird nicht gesagt, ob es von den milites ererbte oder „dedin iure" erkaufte hereditates gewesen sind; jedes der beiden und beides nebeneinander ist denkbar.*)

Es kann sogar an einem anderen Beispiel nachgewiesen werden, daß die hereditas ihres Charakters als solche nicht verlustig wird, auch wenn die rechtmäßigen heredes entfernt worden sind. Dieses Beispiel bietet Přemysls Stammsitz Stadiz. König Wenzel I. vertrieb von dort rechtlos und gewaltsam die gemeinfreie Sippe seines Ahnen, weil er sich ihrer Verwandtschaft schämte, aber die Nachkommen der neu Eingeführten besaßen dieselben Rechte durch viele weiteren Jahrhunderte. Die Landesordnung v. J. 1500 sagt: „quod homines hereditarii, id est dědici villae Stadicz ab omni solucione liberi essent. (cf. Památky arch. a míst. VI. 233.)

Das Recht, die Tepler milites zum Abzuge unter vollem Ersatz zu zwingen, wird ausdrücklich als durch den Landfrieden geboten angeführt, und hat mit der persönlichen und besitzlichen Freiheit der Volksgenossen gar nichts zu schaffen. Auch ein nobilis vir, wenn Landfriedensbrecher, konnte gezwungen werden, seinen Besitz zu verkaufen und von dannen zu ziehen.**)

---

*) Unaufgeklärt bleibt die sehr geringe Entschädigungssumme von zwei Mark für ein Pflugland.

**) 1222. Othekarus rex .. praepositus et fratres ejus in Dogzan .. donationem nostram (dimidiam villam in Vhree) cuidam nobili viro, nomine Neconi pro LX marcis. . vendiderunt. Dimidia autem villa .. spectabat ad monasterium Cladorubense. Qui .. nobilis .. fratrum in Cladorub tam austerus et inportunus extitit vicinus, tollens, quod non posuit, et metens, qnod non seminavit. Quapropter .. fratres .. Cladorub. . . iniquitatem diutius sustincre non valentes .. monstrarunt, quod eorum possessionem ..jam per aliquot annorum curricula propter frequentes et diuturnos ipsius vicini insultus inculta jacere, et diuturnitatem redacta, nihil utilitatis .. sibi .. ministrare. Nos igitur .. praedictum nobilem, licet renitentem, receptis LX marcis .. a .. fratribus in Cladorub .. cum omni supellectili sua inde exire praecepimus .." (Reg. I. Nr. 662.)

Hr L. fährt fort:

„In anderen Fällen erfahren wir nur von der Thatsache der Landentziehung, aber nicht von der Art der Entschädigung für den Unterthan. Die Stiftungsurkunde für das Prämonstratenserstift Leitomischl (Erben 1167, p. 139) sagt ohne Umschweife, Wladislaw I. habe den Ort Leitomischl selbst dem Stifte geschenkt und — wohl weil er als Anlageplatz bienen sollte — „die Unterthanen entfernt" — „dejectis inde hominibus." Auch von Wenzel I. wird an der schon angeführten Stelle bei Dalemil einfach gesagt, er habe die Bauern von Stabitz davongejagt, und die Prager Annalen (ad ann. 1257) berichten nicht minder ungeschminkt, Ottokar II. habe, um die neue Stadt Prag — die jetzige Kleinseite — anzulegen, „zu Beginn des Frühjahrs die Böhmen aus dem Burgflecken davongejagt." In der That finden wir mehrfache urkundliche Nachweise — so für Leitmeritz, für Beraun, Klattau, Schlan u. A. (vergl. Tomek, Prag I, 508) — dafür, daß die Vorbereitung für die Anlage einer Stadt in der Erwerbung des nöthigen Grundes für Häuser und Schoßgründe der Bürger seitens des Fürsten und der Abstiftung der darauf wohnenden Unterthanen ohne Unterschied ihrer Stellung bestand. Die Art, wie der Fürst den nöthigen Grund von den geistlichen Stiftern zurückgewann, ist dann in der Regel gewissenhaft angeführt, die Art der Entschädigung der Abgestifteten wird nicht erwähnt. Das Ganze erscheint als ein im Rechte des Fürsten begründeter Vorgang. Auf diesem Standpunkte steht auch noch die Majestas Carolina. Sie setzt (cap. CIV) den Fall, daß ein Bauer nicht gewillt sei, einem durch Zwangsvollstreckung eines Urtheils in den Pfandbesitz des Gutes eingeführten neuen Herrn zu gehorchen, und stellt jenem dann frei, binnen zwei Wochen mit seiner Habe — abzuziehen. Von einer Entschädigung ist dabei nicht die Rede. Diese Bestimmung ist nicht als Wahrung der Freiheit, sondern als Strafe der Unbotmäßigkeit gedacht. („B." 16, 4—5).

Der Fall von Stabitz ist ein flagranter Rechtsbruch, er gehört in die politische, nicht aber in die Rechtsgeschichte.

Sonst sind alle hier genannten Orte suburbia alter Landesburgen. Diese gehörten selbstverständlich unmittelbar dem Landesfürsten und es ist von mehreren bekannt, daß sie noch in historischen Zeiten von Wald als der natürlichsten und besten Befestigung umgeben waren. Auch dieser Hag war landesfürstliches Eigenthum. Das suburbium entstand somit auf landesfürstlichem Rodeland, keine Gemeinfreien hatten dort herebitären Grundbesitz, sondern nur die „familia" wohnte in demselben, das unfreie Ingesinde der Burg, wie uns die obcitirte (S. 60) Urkunde Spytihněws und zahlreiche andere belehren.

Der Landesfürst war demnach berechtigt, die Nachkommen der unfreien Ministerialen, denen keine Scholle im suburbium eigenthümlich gehörte, zu bepossediren; und wenn er sie einfach davongejagt, so folgt daraus, daß sie wohl ihre Nutzungen verloren, aber persönliche F r e i h e i t, wenn sie sie früher nicht besessen, erlangt haben.

Also auch diese Nachrichten beweisen nichts über V o l k s freiheit und V o l k s unfreiheit.

Nun zur Maiestas Karolina CIV, § 4. „Debent praeterea beneficiarius et bedellus i n c o l i s hereditatis, super qua inductionem vel assignationem fecerint, significare, qua de causa et cui fecerunt inductionem vel assignationem praedictam, eisque praecipere, q u o d a b i n d e i n a n t e a a c t o r i i n d u c t o t a m q u a m v e r o d o m i n o h e r e d i t a t i s d e b e a n t r e s p o n d e r e, vel infra septimanas duas . . cum omnibus rebus eorum exire de hereditate praedicta. § 5. Quod si dicti incolae nec respondere actori tanquam domino, nec de hereditate exire curaverint, tunc liceat actori . . b i s i n a n n o in dicta hereditate licite dominari, recipiendo equos et pecora t a n t u m p r o c u l p i s i p s o r u m et sumptibus factis per eum . . ." der Ordo iudicii terre Boemie bestimmt über diesen Gegenstand: „Úředník . . má po vzvodu tiem, ktož drží, na němž jest póvod . . . oznámiti a přikázati, a b y j e m u p o p l a t k y a ú r o k y r o č n i e v y d á v a l i j a k o ž t o p á n u s v é m u d v a k r á t v r o c e. Pakliby toho neučinili, tehda ve dvú nedělí mají se z dědin svých vybrati a jich postúpiti. Pakli by nepostúpili, tehda póvod . . dvakrát do roka má panovati a tu koně a dobytek bráti . . ." (Jireček, Cod. jur. Boh. II, 2. 1870. S. 181—182.).

Der Zinsbauer war nach dem emphyteutischen Rechte v e r p f l i c h t e t, seinem Herrn zweimal des Jahres den halbjährigen Zins zu reichen. That er es nicht, beging er einen V e r t r a g s b r u c h. Daß unter „respondere" in erster Reihe die Zinsung zu verstehen ist, beweist der böhmische Text des ordo: „aby jemu — v roce" (= „daß sie ihm die Giebigkeiten und Jahreszinse abführen als ihrem Herrn zweimal im Jahre"). Sollten sie sich weigern es zu thun, oder abzuziehen, so sollen sie exequirt werden zweimal im Jahre bis zur Höhe ihrer Schuld und der Executionsun-

köften (tantum pro culpis ipsorum et sumptibus factis per cum).

Die Maiestas Karolina hat zwar mit altböhmischen Volkszuständen nicht viel zu schaffen*), nachdem aber Hr L. sie in sein Beweismateriale aufgenommen hat, konnten wir sie nicht übersehen und der Erfolg fällt gewiß nicht zu Gunsten seines Standpunktes aus.

Nachdem Hr L. die Lage der originarii auf die eben analysirte Art und Weise besprochen hatte, wendet er sich zu den hospites. Seine Darlegung gipfelt in dem durch keinen Beleg gestützten Satze:

„Von den späteren Colonisten unterscheiden sich diese slawischen Gäste durchaus dadurch, daß sie in eine unter alter Verfassung schon bestehende Gemeinde eintraten." („B." 35, 1.)

Dieser Irrthum ruht in dem Nichtunterscheiden zwischen Nobeland und hereditas. Hr L. meint:

„Einen Gegensatz zum Originarins bildet der Hospes, Gast. Doch scheiden sich Beide keineswegs in Hinsicht der Stellung und Verpflichtung, sondern lediglich durch das Verhältniß zu der Mehrzahl der Gemeindemitglieder. Ursprünglich und in schematischer Reinheit gedacht, ist die slawische Gemeinde eine Familie alter Art, ein Geschlecht; durch das Eindringen und allmähliche Ueberwiegen der Hospites wird sie zur „Nachbarschaft" ohne nothwendige Blutsverbindung." („B." 35, 1.)

Von einem Eindringen, geschweige denn Ueberwiegen der hospites in Sippendörfern finden wir in den Urkunden nicht die geringste Andeutung. Sie sind einfach auf einstigem Herrnhof oder auf sonstigem Nobeland bestiftet.

Hierauf schreitet Hr L. zur Besprechung der „Art der Landanweisung an den Unterthan":

„Nicht nur die Občina in der Hand des Geschlechtshauptes, auch die Dědina eines Weilers muß ursprünglich nur Ein Ganzes gemeinsamer Benützung dargestellt haben. Aber von dieser Gemeinschaft aus haben sich die Rechtsverhältnisse nicht so entwickelt, wie in der deutschen Markgenossenschaft oder im deutschen Colonistendorfe, das zum Theil ein Abbild jener ist. (Vergl. Maurer, Geschichte der Dorfverfassung und dessen Ge=

---

*) Vergl. die gründlichen Abhandlungen Werunsky's über Maiestas Karolina und über Ordo iudicii im 9. und 10. Bde der „Zeitschrift d. Savigny=Stiftung f. Rechtsgeschichte". Germanistische Abtheilung. 1888, 1889.

schichte der Markverfassung.) Hier in Böhmen trat bei dem ausschließlich geltenden Patriarchalsysteme das Interesse des Herrn dazwischen, dem daran gelegen sein mußte, die Dienstleistung möglichst vieler Individuen zu gewinnen. Doch führte auch dieses Bestreben nicht sofort zu einer materiellen Auftheilung des Bodens, sondern zunächst nur zu einer ideellen, indem man die Deputat-Unterthänigkeiten nach der Anzahl von **Pflügen** zählte, die während derselben Anbauzeit auf einem Gemeindelande Verwendung finden konnten. Allmählich wurde diese ältere durch eine materielle Vertheilung des Grundes verdrängt. Sicher ist aber, daß auch im 14. Jahrhunderte die ältere Agrarform mit unaufgetheilter Dědina neben der jüngeren immer noch fortbestand. (Terra ad aratrum, ad quatuor aratra etc. Erben 1205 p. 223.) So wird 1092 von einem Orte gesprochen, in dem es „mehr denn zu 40 Pflügen" Ackerland gäbe, oder Land mehr als für 10 Pflüge u. dgl. (Erben p. 81, 84); davon abgeleitet erscheint dann die „Aratura", ein „Pflugmaß", das schon auf eine materielle Flurtheilung hindeutet. Für eine solche dringen dann seit dem 12. Jahrhunderte die fremden Bezeichnungen manses und mansi (Hufe) und laneus (das deutsche Lehen, 1264 noch) „laen") ein.

Daß aber daneben, wie erwähnt, auch im 14. Jahrhunderte noch **ungetheilte** Gründe in Böhmen vorkamen, zeigt ganz deutlich der Verfassungsbrief König Johannes 25. Dec. 1310 (Jireček: Codex juris boh. II, 2. p. 194): „jede Hufe (laneus) einen Vierding, — — von Aeckern aber, welche in Hufen abgemarkt **nicht** sind, von **jedem Pfluge** einen Vierding". („B." 35, 1.—2)

Wir haben oben angeführt, daß eine Bodengemeinschaft einer mehr als in höchstens 4 Generationen verzweigten Sippe auf dem ganzen Erdenrund als Volksinstitution nirgends vorkommt. Als Beweis vom Gegentheil führt Hr L. die Urkunde v. J. 1310 an; sie sagt: „quilibot laneus .. fertonem arg. ... de agris autem, **qui per laneos distincti non sunt**, de aratro .. fertonem nobis .. collectae nomine solvere tenebuntur."

Hr L. übersetzt: „welche in Hufen abgemarkt **nicht** sind." Wir übersetzen: „welche **nicht in Hufen** abgemarkt sind."

Wir accentuiren ein anderes Wort, als Hr L. und dadurch entsteht eine ganz andere Erklärung. Wir werden gleich sehen, welche die richtige ist.

Den Unterschied zwischen dem Hufendorfe und dem Sippen- oder Dziedzinendorfe hat Meitzen vor siebenundzwanzig Jahren (Cod. dipl. Sil. IV. 1863. S. 65) flurkartenmäßig nachgewiesen, er entspricht den verschiedenen Prinzipien, unter welchen die eine und die andere Dorfart entstanden ist.

Das Sippendorf entstand aus einem Einzelhofe, dessen Grundbesitz um so ausgedehnter war, je älter seine Entstehungszeit und je extensiver seine ursprüngliche Bewirthschaftung gewesen ist. Die Enkel oder Urenkel des Gründers des Einzelhofes theilten den Grundbesitz, die terra aviatica, hereditas derart, daß die Nachkommen je eines Sohnes des Gründers E i n e n g l e i c h e n Antheil erhalten haben und eine neue, selbstständige Hausgemeinschaft gründeten. Die Theilung, wir wiederholen, geschieht nicht in capita, sondern in stirpes. Die Ländereien der neuen Hausgemeinschaften waren gemenglagig, denn bei der Theilung mußte j e d e s Feld getheilt werden.

Aber schon bei der nächsten Theilung entstand ein sehr ungleich großer Besitzstand der einzelnen Hausstellen im Dorfe, e s k o n n t e s i c h d a h e r k e i n B e s i t z m a ß i n e i n e m S i p p e n d o r f e e n t w i c k e l n.

Hatte der einstige Einzelhof z. B. 7 Pflüge Ackerland, und der Ahn z. B. 4 Söhne, so erhielten die 4 Gruppen der heredes — dědici —, welche in 4 Sippen sich trennten, je 1·75 Pflug Landes.

Jede der 4 Sippen zerfiel mit der Zeit in ungleich viele Hausgemeinschaften u. zw. wieder je nach der Zahl der Söhne des Gründers je einer der 4 Sippen.

Das in der Urkunde v. J. 1310 nach Pflügen bemessene Land kennzeichnet somit in der Institution des Sippenwesens nur einen, sei es auch unter m e h r e r e Hausgemeinschaften real und f e s t b e g r e n z t a u f g e t h e i l t e n Flächenraum, aber keine Wirthschafts- und auch keine Besitzeinheit, und am allerwenigsten u n g e t h e i l t e n Besitz, wie Hr. L. annimmt.

In dem nicht organisch aufgewachsenen, sondern durch Association Gleichberechtigter mit Einem Schlage geschaffenen H u f e n d o r f e bildet die Hufe (mansus, laneus) die Wirthschafts- und Besitzeinheit zugleich.

Im J. 1310 gab es in Böhmen längst beide Dorfarten. Die Hufe beherrschte das Rodeland jüngeren Datums, während die Sippendörfer — soferne sie nicht in Gewannenhufendörfer aus wirthschaftlichen und fiscalischen Gründen umgewandelt worden sind — und die organisch aufgewach=

jenen Rodeländereien älteren Datums nur nach der Pflugzahl taxirt werden konnten.

Aber weit entfernt, die in den ältesten **Schenkungs**urkunden zahlreich auftretenden terra ad aratrum, terra plus quam ad XL aratra, u. s. w. als Sippenland ansehen zu wollen, verstehen wir darunter nichts mehr als urbares (Rode=) Land von so und so viel Pflügen.

Aratura ist n i ch t — wie Hr L. meint — Pflugmaß und deutet n i ch t „auf eine materielle Flurtheilung hin", denn sie bildet a u s n a h m s l o s nur einen Theil des Herrnhoflandes : curia araturarum, cum II—VI araturis. Die aratura ist in der Regel viel größer, als ein Pflugland, als ein laneus.*)

Wahrscheinlich bedeutet aratura ursprünglich eine geschlossene Dominikalfeldmark, also räumlich zusammenhängendes Brach=, Winter= und Sommerfeld.

Auch das ist nicht richtig, daß für eine materielle Flurtheilung seit dem 12. Jhte die fremden **Bezeichnungen** mansus und laneus einbringen: Der **Begriff** selbst und seine Verkörperung bringt ein und nicht blos die Bezeichnung.

Weiter meint Hr L.:

„Die allgemeine Bezeichnung des nachmals sogenannten „Rustikallandes" als „terra servorum" findet sich schon 1195 vor (Erben 1195 p. 190), doch in einer gefälschten Urkunde." („B." 35, 2.)

Die Stelle lautet: „. . donat villam . . Luka . . cum thelonio et villa Bohmelicz, cum molendino et flumine . . et silva . . nec non cum terra servorum et pleno dominio."

Wie kann man aus dieser Stelle schließen, daß die „terra servorum" die allgemeine Bezeichnung des nachmals sogenannten „Rustikallandes" gewesen ist?

---

*) 1325: . . duas araturas nostras in villa . . mensurantes in VIII laneos . . locavimus . . quicumque coluerit cum suo aratro duos laneos ant unum . . bernam . . solvere tenebitur . . (Reg. III. Nr. 1157). — „ibidem domini IIII laneos de dominorum aratura . . vendiderunt." „curia dominorum de IIII araturis, que continet 7½ lan . ."; „Villa . . continet 9½ laneum, de quibus vigiles tenent 6½ lan. et reliqua pars habetur in aratura domini." (Truhlář, Registrum bon. Ros. 1379. Nr. 108, 149. 327.)

Nicht minder gewagt ist die Schlußfolgerung:

„Im Jahre 1245 erwarb das Kloster Osseg das Dorf Loblowitz, dessen Bauern ganz nach der Art der Kolonisten zu Geld- und Getreidezins, dann zu gemessenen Diensten und überdies zu allen beliebigen anderen Diensten — ad quaelibet alia servitia, quae quibuslibet nobilibus secularibus a suis solent hominibus exhiberi — angewiesen waren. Auch die „Censuales", Zinsbauern, sind daher keineswegs von Ursprung an eine freier gestellte Gruppe von Bauern; vielmehr sind für die ältere Zeit diese „beliebigen anderen Dienste" überall selbstverständlich." („B." 35, 2.)

Die Stelle lautet: „Zlauco . . villam Lubcowitz . . a . . Wazlao cum . . omnibus . . pertinentiis, exceptis duobus mansis Swidgeri, pro CLXX marcis emimus tali pacto, ut rustici ejusdem villae . . ½ marcam . . de singulis mansis solverent annuatim. Mensura vero . . agrorum . . talis erit, qualis in Tockczaw haberi consvevit. Tenentur praeterea . . ad quaelibet alia servitia, quae quibuslibet nobilibus secularibus a suis solent hominibus exhiberi." (Cc. 1240. Reg. I. Nr. 1015.)*)

Nach dem Croquis vom J. 1842 ist Liquitz — nicht Loblowitz! — ein Gewannenhufendorf.

Das Dorfried hat die Form eines fein abgezirkelten, langgestreckten Rechteckes. Es ist der Länge nach in drei genau gleich breite Streifen getheilt: der mittlere bildet den Dorfplatz, und von den beiden anderen ist der nördliche in 18, der südliche in 17 Hofstätten aufgetheilt.**) Eine ganze Hofstatt ist durchschnittlich 31 are 79 ☐m groß und weil 70 m breit — bei 50 m Tiefe sammt Hofgarten — haben die Bauernhöfe nie anders als weit von einander gebaut sein können.

Durch die ganze Länge des Dorfplatzes fließt ein starker Bach.

Im südlichen Theile der Dorfmark liegen Dominikalgründe in der Größe etwa einer ganzen Bauernwirthschaft.

---

*) Vergl.: Wenceslaus rex (Wenzel II.) „ . . villam . . concessimus . . . possidendam . . . quocirca . . habitatoribus ejusdem villae . . mandamus, quatenus . . Pertholdo . . debeant in honestis et licitis, prout decet ac expedit, obedire." (Reg. II. Nr. 2347.)

**) 1842 waren 5 Wirthschaften in 10 Halbwirthschaften getheilt, und 4 ehemalige bildeten 2 Doppelwirthschaften.

Demnach enthält Liquitz 36 Hufen Landes und ist kein organisch, sondern ganz und gar künstlich, mit einem Schlage angelegtes Dorf. Die von einander entfernten Hofstellen liegen zu beiden Seiten eines Baches: das ist kein altes Slavendorf, **sondern eine nach deutscher Art angelegte Kolonie.**

Vergleichen wir den heutigen Zustand mit der obigen Urkunde: Diese sagt, daß das Dorf in manses eingetheilt, also ein Hufendorf ist. Jede Hufe soll eine halbe Mark jährlich zinsen. Der Kaufschilling, 170 Mark, repräsentirt bei den üblichen 10% Zinsen eine Rente von 17 M., das Objekt enthält somit 34 Hufen, und **das ganze Dorf**, die 2 manses Swidgeri eingerechnet, **36 Hufen.**

Die Urkunde stimmt sehr genau mit dem heutigen Status. Sie nennt nur Einen Bauernnamen, Swidger, und der ist — deutsch. Aus diesem Umstande können wir freilich nicht mit Sicherheit schließen, daß auch die übrigen Bauern Deutsche waren, aber die Dorfanlage selbst ist über allen Zweifel **deutsch.**

Also auch diese Urkunde beweist über die altböhmischen Volkszustände gar nichts.

Aber auch auf Liquitz selbst paßt Hrn L. Erklärung nicht. Die Bauern werden nicht zu „beliebigen", sondern zu **allen** Diensten angewiesen, welche allen weltlichen Großen von ihren Unterthanen geleistet zu werden **pflegen** und das ist ein gewaltiger Unterschied.

Die von Liquitz **zinsen**, und **weil** sie zinsen, sind — nach Hrn L. — überhaupt die Zinsbauern von Ursprung an keine freier gestellte Gruppe von Bauern!

„Fassen wir das Alles zusammen, so befand sich also — **nicht in Folge des noch gar nicht hereinwirkenden Feudalismus** — sondern auf Grund des **alten Patriarchalsystems** die ganze Masse der **böhmisch-slawischen Bauernschaft** dem Durchschnitte nach in einer solchen Stellung, daß sich die wirklichen, auf Rustikalgründen angesiedelten **Knechte** unterschiedslos in derselben verlieren konnten. **Wir sind daher vielen an sich werthvollen Urkunden gegenüber gar nicht im Stande zu unterscheiden, ob sie von Knechten oder Bauern engeren Sinnes handeln**, nicht einmal, wenn der Fürst der Kirche zu Olmütz (Erben 1031 p. 41) außer **Müllern** und verschiedenen **Handwerkern** auch **Waldheger** — lesni, custodes silvae —

Wildjäger — lovci, venatores — Zeidler, Gärtner und Fischer schenkt, läßt sich dabei ein Unterschied erkennen." („B." 35, 2.—3.)

Also wenn der Fürst Waldheger, Wildheger, Zeidler, Gärtner und Fischer schenkt, ist Hr L. „gar nicht im Stande zu unterscheiden", ob diese Schenkung von „Bauern engeren Sinnes" handelt oder nicht handelt! Und doch ist die Urkunde klar:

„. . . collationem villae „u Dubu" (= „bei der Eiche") . . cum omnibus suis attinentiis, cum molendino et molendinatore Wratimir dicto, cum ministerialibus sive familiis et opificibus ibidem diversis, quorum nomina . . adnotari feci (folgen die Namen) . . item dedi L mansos Moravicos incultos . . cum silva spatiosa, . . cum custodibus silvae . . cum venatore . . et cum apiariis . ."

Die gesammte Bewohnerschaft des Dorfes bestand also aus Ingesinde (familia) von unfreien Ministerialen und wir sind vortrefflich im Stande zu unterscheiden, daß diese Urkunde nur und ausschließlich von „Knechten" und keineswegs von „Bauern engeren Sinnes" handelt.

Hr L. fährt fort:

„Noch weniger nimmt darauf der Prager Fürst Bedacht, wenn er 993 dem Kloster Břewnow „drei Seelgeräthlente mit ausreichendem Grund" schenkt." (..B." 35, 3.)

Die Stelle lautet: „. . contuli . . in villa Kuromirtwiche tres animatores cum terra sufficienti." (993. Reg. I. Nr. 78.)

Dieses Dorf wird noch in drei anderen Urkunden erwähnt:

„Wenczlaus . . pro villa monasterii Brewnow., Zwarow", dat villam „Churomrtwi nomine XI homines nostros, pertinentes ad beneficium dapiferorum mensae nostrae." (1249. Reg. I. Nr. 1227.)

„Premizl rex . . pro. villa monasterii Brewnow., Podmokleh, . . dantes . . in villa nostra Churomirtwi nomine agros quorundam hominum, qui ad jus summi camerarii pertinebant . . Damus eis nihilominus liberam facultatom, eosdem homines amovendi et procul pellendi, si prefatam hereditatem pro se suis maluerint usibus applicare." (1256. Reg. II. Nr. 95.)

Premizl rex „terram cocorum in villa Curomirtvi tibi (dem Břewnower Abte) .. conferimus ..“ (1260. Reg. II. Nr. 253.)

Der Name Kuromrtvi bedeutet „Hühnerschlächter“, und paßt vortrefflich zu „terra cocorum“, der Köche, welche auch richtig „ad beneficium dapiferorum" gehört.

Sollen wir nun Worte verlieren, daß es sich hier um unfreie Ministerialen handelt, denen ein Stück Rodeland verliehen wurde, demnach auch nach Belieben entzogen werden konnte? Ist man im Rechte zu sagen, daß der Prager Fürst bei der Schenkung v. J. 993 keinen Bedacht darauf nimmt, ob er „Knechte oder Bauern engeren Sinnes" wegschenkt?

Hr L. fährt fort:

„Wohl aber muß er die „dreißig Animatoren", die im Prager Burgflecken ihre Hofstätten haben und „mit ihrer Nachkommenschaft verschiedenen Diensten zugetheilt sind", für in völlige Knechtschaft versetzt betrachten, wie auch die „Dörfer mit der ganzen Unterthanschaft" — cum omni familia — ähnlich behandelt erscheinen." („B." 35, 3.)

Die Stelle lautet: „. . villam . . quae Wolezlawin dicitur, cum omni familia ad vineas excolendas, terramque sufficientem, cum silva adjacente . . et montem alium incultum. . . In civitate . . Pragensi . . XXX animatores eorumque posteritatem cum XXX areis ad diversas officinas dispositos.“

Mit Verlaub! „familia" ist nicht „Unterthanschaft", sondern unfreies Gesinde*) ad vineas excolendas und die animatores sind nicht minder unfreie Ministerialen, ad diversas officinas dispositi.

Weiter meint Hr L.:

„Um nun aber ein genaueres Bild von der Stellung der angeblich „freien" Bauern zu erhalten, die wir schon jetzt nach keinem ganz zuverlässigen Kriterium von den Knechten zu sondern vermochten, ist es nothwendig, ihr Verhältniß zum Landesherrn als ihrer unmittelbaren Herrschaft und die ihnen hieraus erwachsenden Pflichten in's Auge zu fassen.

―――――――

*) cf.: Das Leben der Vorfahren. Das Wesentlichste einer deutschen Culturgeschichte ältester Zeit. Dem Volke erzählt von Julius Lippert. Prag 1882. S. 57.

Wenn Palacký die „Landesfrohnen" oder „Landes=
roboten" die schwerste Trübsal im Leben des Altčechen nennt,
muß man ihm beistimmen; nicht so aber, wenn er aus
einigen Angaben bei Cosmas schließt, daß diese
Einrichtung in Böhmen durch Boleslaw I. zur
Belastung umgeschaffen wurde (Palacký, Děj. I, 247).
Es ist nicht einmal richtig, Herrendienst und Landesfrohnen
ihrem Wesen nach zu unterscheiden; eines wurzelt wie das andere
in der Einrichtung der patriarchalen Familie und ist nur die
Fortsetzung der Disposition des Patriarchen über die einzelnen
Arbeitskräfte nach dem Bedürfnisse der Gesammtheit. Was
Božena Němcová (Časopis česk. mus. 1859 p. 87) noch
heutigen Tages bei den Slowaken als alte
Hausgenossenschaft so allerliebst gefunden
und ebenso geschildert hat, dieselbe Familien=
form ist es, auf die diese Dinge auch bei den Alt=
čechen zurückführen. „Dem Familienhaupte" — genannt
Vater, Altvater und Großvater — „gehorchen und für den=
selben arbeiten müssen Kinder und Kindeskinder, Schwieger=
töchter, Schwägerinen und das ganze Haus." An dieser Norm
hat sich gar nichts geändert." („B." 35, 3)

Palacký hat zur Beleuchtung der ältesten böhmi=
schen Volkszustände Nachrichten über die Serbokroaten byzan=
tinischer Zeitgenossen als vollgiltige Quellen benützt, einen
Weg — sagt Hr L. („B." 1, 3.) — „den sonst eine
exakte Forschung kaum bevorzugen würde."
Und was thut Hr L. selbst? Er läßt die bündigsten Angaben
des nur 78 Jahre nach Boleslaw I. Tode geborenen
Cosmas*) nicht gelten, und ersetzt sie durch Schilderungen
— der heutigen Slowaken!

---

*) Cosmas ad annum 939: „. . Fuit enim iste dux Bo-
lezlaus . . qui fuit impius atque tyrannus sacvior Herode, trucu-
lentior Nerone, Decium superans scelerum immanitate, Diocle-
tianum crudelitate, unde sibi agnomen ascivit saevus Bolezlaus
ut diceretur. Tantae enim fuit severitatis, ut nihil consilio, nihil
ratione regeret, sed omnia pro sua voluntate atque impetu animi
ageret. Unde factum est, ut in mente conciperet, quo sibi urbem
Romano opere conderet. Moxque populi primates convocat in
unum et usque ad unum, et deducens eos in locum iuxta flumen
Labe atque designans locum, aperit eis sui cordis secretum . . .
Ad haec illi, nos qui sumus, inquiunt, populi fauces et tenemus
dignitatum fasces, nos tibi abrenunciamus, quia neque scimus,
neque volumus facere, quod praecipis, neque enim patres
nostri tale quid antea fecere. Ecce in tuis conspecti-
bus assistimus, et potius tuo gladio quam importabili servitutis iugo nostra colla submittimus . . . ."

Aber angenommen! Dem Familienhaupte gehorchen alle Hausgenossen. Was geschieht aber nach seinem Tode? Dauert die Hausgemeinschaft in alle Ewigkeit? Nein! Theilung tritt ein und es gibt dann **keinen** Menschen, der über die **ganze** gewesene, nun getheilte Hausgemeinschaft was zu verfügen hätte.

Die Macht des Landesfürsten läßt sich aus den Einrichtungen der patriarchalen Familie mit nichten erklären.

Hr L. schreitet nun zur Analyse der Landesfrohnen vorerst des Burgbaues.

„Der alte Wildzaun, wie wir ihn noch in den Alpengegenden sehen können, hat sich in eine Plankenfügung verwandelt, und aus dieser wieder ist, wie seiner Zeit vom Prager Schlosse gemeldet wird, eine Mauer „nach römischer Art" geworden. Endlich entwickelt sich dann im 13. Jahrhunderte nach deutscher Art ein Burgenbau auf Felsenhöhen — und auf denselben Bauern bleibt immer dieselbe Verpflichtung, die Landesfrohne der „aedificatio castrorum", die drückendste und unerträglichste von allen." („B." 35, 4.)

Der Leser möge dies mit der obcitirten Stelle aus Cosmas vergleichen. Wir möchten nur fragen, ob den Bauern in Deutschland der Burgenbau auf Felsenhöhen angenehmer war als denen in Böhmen. Zur Zeit des Felsenburgbaues dürfte der Landesfürst gewiß über mehr Arbeitshände verfügt haben, als sein Vorgänger, dem der alte Wildzaun genügt hat.

„Wenn man über der **Großartigkeit** einzelner öffentlicher, insbesondere — **ganz wie in Altegypten** — **der Seelgeräthbaulichkeiten** verleitet ist, die große Armuth der Zeit und den elenden Stand der Behausungen gewöhnlicher Menschen zu vergessen, so erinnere man sich dieser Landesfrohne, die ziemlich wörtlich mit Blut und Schweiß der armen Unterthanen diese **stolzen** Gemäuer kittete." („B." 36, 1.)

Diese Worte kontrastiren gar zu sehr mit Böhmens „**stolzestem**" Kirchenbau: dem höchst primitiven Bruchsteingemäuer des Prager Georgikirchleins!

„Dieselbe oder vielmehr die doppelte Belastung gilt auch für die Bauern des Adels. Wie es dabei im Einzelnen gehalten werden konnte, läßt uns eine Urkunde des 13. Jahrhunderts erkennen. (Erben rc. 1286 p. 226.) Der Stifter von Ossegg stellte zum Bau dieses Klosters — für welchen im Uebrigen das Kloster selbst die ihm reichlich geschenkten Unterthanen verwendete — sechs Zimmerleute, von denen drei für diesen Zweck gekauft — wenn wir hier den Terminus „appreciatos" richtig fassen —

und drei den eigenen Unterthanen, „beneficiatis" entnommen
waren. Da nun diese für ihre Knechtsarbeit weder Lohn noch
sonstige Gewährung zu beanspruchen hatten, so gab ihnen jener
Gönner wieder so viele von seinen Bauern bei, als nothwendig
wären, jene fortwährend mit Lebensmitteln und
sonstigem Bedarfe zu versehen. Man kann daraus
zugleich schließen, daß es auch sonst in Böhmen
nicht üblich gewesen sei, den zur Arbeit einbe=
rufenen Unterthanen während dieser Zeit die
Hofpräbende zu reichen. So setzte ein jeder der
Kirchen= und jeder der vielen Burgenbaue, wie
sie z. B. Ottokar II. zum Schutze seiner Herrschaft
aufführte, unzählige Hände in Bewegung, aber
von der qualificirteren Arbeit abgesehen nicht in
Nahrung." („B." 36, 1.)

Die Stelle lautet:

„Ego Jannes comes fundans coenobium . . ordinis
Cisterciensis, de Ossek fratres assumens et illi domui man-
cipans, haec ad ipsam fundationem offero: Nesekove villam
forensem, et circa ipsam villam de bonis meis tantum con-
fero, quod annuatim solvet XX marcas et post quamlibet
marcam sedecim strichones annonae, VIII siliginis et VIII
avenae. Praeterea, cum aedificare de lapidibus coeperint,
offeram tanta bona, quae annuatim solvant XXX marcas
ad aedificationem, ad claustrum perpetuo possidenda. Ad
claustrum construendum dabo tres carpentarios appreciatos
et alios tres beneficiatos; praeterea rusticos ad eorum in
aedificando adjutorium, quotquot fuerint ne-
cessarii, carpentariis alimoniam praebiturus.
. . Locum claustrali mansioni . . habilissimum . . . mo-
lendinum in claustro futurum . . lapides, cementum
prope locum, ligna super locum et circa locum ad
aedificia congruentia sufficientia, . . XII
araturas cultae terrae de pecunia mea instruam."

Der Stifter weist zum Klosterbaue selbst einen, eine
Rente von 30 Mark repräsentirenden Grundcomplex an. Wir
fragen: In wessen Taschen werden die Baukosten fließen?
Etwa eines Architekten? Der war vermuthlich ein Ordens=
mann und wenn nicht, so wissen wir, daß z. B. das Kloster
Saar den ganzen langjährigen Bau einem magister um eine verhältnißmäßig sehr geringe Summe vergeben

hat*). Oder floß das Geld für carrarischen Marmor und schwedische Säulen? Dies kommt in Ossegg nicht vor, sondern ausschließlich einheimische, in der nächsten Nähe gebrochene Quader, das sagt auch die Urkunde.

Da das sämmtliche Rohmateriale der comes selbst besorgt, kann die Rente vorerst nur für Arbeitslöhne bestimmt sein. Und daß es solche bei einheimischen Klosterbauten gegeben hat, beweist die fast gleichzeitige Baugeschichte von Saar**): Weiter stellt der comes sechs Zimmerleute bei, von denen drei appreciati — ungewiß, ob gekaufte oder gebungene; der Context spricht für das Letztere — und drei bestiftete sind, nebst so vielen rustikalen Handlangern, als ihrer nöthig sein wird ad eorum in aedificando adjutorium. Der Stifter macht sich verbindlich, den Lebensunterhalt den Zimmerleuten selbst zu verabreichen (praebiturus). Der Lohn der carpentarii beneficiati besteht aus ihren Beneficien, es ist daher nicht richtig, daß sie ohne Lohn ausgingen. Was von den appreciati zu halten ist, stellen wir dem Urtheile des Lesers anheim. Aber ausdrücklich führt die Urkunde an, daß allen Sechsen die Kost ja verabreicht wird.

Ueber die Entschädigung der rustici für ihre Handlangerarbeit verfügt die Urkunde nichts, weil es überhaupt nicht in die Urkunde gehört, ob und inwieferne dieselben — deren Hofstellen ja in der Nähe liegen, welche demnach vom eigenen Herde aus leicht verköstigt werden können, — eine Entschädigung oder partiellen Nachlaß an Grundzins erhalten

---

*) „Tunc erat Ekwardus quidam lapicida magister .. et cepit murare domum nec non opus ipsum pro XL marcis et pro benefactis, ut sunt frumenta, breue, vestes, alie res." (Fontes r. Boh. II. S. 535.)

**) Dominus „. . Botscho († 1255) iussit fundare capellam de lignis paruam, quod possent (fratres) psallere Christo .. Nam muratores iam cottidie fabricabant, cedentes lapides et eos melius resecabant .. Hiis dominus .. mercedem dat lapificis .. Nam genus hoc lapidum durum fuit .. non nisi per duros ictus homo proficiebat. Ergo remunerat hos magnis mercedibus omnes." (ibid. S. 532.) „. . Atque monasterium murantibus .. (dominae) lapicidis dant precium dignum, veluti quique meruerunt .." (ibid. S. 534.) „. . fundatrices .. precium templum murantibus hec tribuebant atque capitellum murantibus hoc dedit abbas .." (ibid. S. 537.)

werden; dies ist dem Kloster gegenüber Privatsache zwischen dem comes und seinen rustici. Aber auch das ist denkbar, daß, indem die carpentarii ausdrücklich vom comes Alimentation erhielten, die Handlanger an die Klosterküche angewiesen waren.

Uebrigens wie langsam der Klosterbau von Ossegg vor sich gegangen ist, möge man in dem gediegenen Werke Neuwirths „Gesch. d. christl. Kunst i. B." 1888 S. 236 ff. nachschlagen.

Es steht demnach in der Urkunde keine Silbe, welche die Deduktion, geschweige denn die Generalisation Hrn L. unterstützen oder auch nur entschuldigen würde. Auch sonst liest Hr L. gar Manches aus dieser Urkunde heraus, was in derselben n i c h t steht:

„Auch Rodungen in den den Klöstern geschenkten Wäldern pflegte man im Wege der Frohne von den eigenen Unterthanen durchführen zu lassen, wie uns das Beispiel von Ossegg zeigt." „B." 36, 1.)

Des weiteren bespricht Hr L. die einzelnen, den Bauer drückenden Lasten. Deren gibt es, wie bekannt, eine so lange Reihe, daß es fast unbegreiflich ist, wie ein Volk sie hat überhaupt ertragen können. Aber wir haben triftige Gründe vorauszusetzen, daß alle die Lasten nicht dieselben Personen gedrückt haben, sondern einzeln unter Einzelne vertheilt waren.

Wir haben oben in Uebereinstimmung mit Hrn L. erfahren, daß zahlreiche Dörfer ihre Namen von den zu leistenden landesfürstlichen Giebigkeiten und Diensten her haben, z. B. Koloděje (Radmacher), Kuromrtvi (Hühnerschlächter) u. s. w. u. s. w.

Wenigstens von e i n e r der drückendsten Landeslast erfahren wir Aehnliches, daß sie nämlich nur an bestimmten Ortschaften gehaftet hat:

Otacarus rex „. . ut castellanus Wisegradensis . . exactiones turpes, quae vulgari vocabulo poiezda vocantur, paganorum potius quam Christianorum . . exigere . . non praesumat, exceptis XII denariis . . de quolibet manso illarum villarum, q u a e t a l i v e x a t i o n e p r i m i t u s v e x a b a n t u r . ." (1224 Reg. I. Nr. 690).

Hr L. schließt:

„So unannehmbar auch uns Heutigen die Ansprüche des Feudalismus erscheinen: innerhalb der unbeschränkten Geltung des Patriarchalprincips bildeten Städtewesen und Feudalismus ein in nicht unglücklicher Weise zersetzendes Element.

Das vordem waltende gesellschaftliche Verhältniß des Landesherrn zu dem böhmischen Bauer stellt uns aber den vollen Ausdruck des reinen **patriarchalischen Gesellschafts-Principes** dar.

Würde neben diesem Verhältnisse, wie es nachweisbar in dem Gebiete, das die ältesten Urkunden als die Provincia Pragensis bezeichnen, vorwiegend und wahrscheinlich ausschließlich herrschte, kein anderes Raum gefunden haben, so daß sich mit der Ausbreitung der Herrschaft von da aus über das ganze Land auch ausschließlich dasselbe Princip der gesellschaftlichen Ordnung über dieses erstreckt hätte, so müßte sich uns ein Staatswesen darstellen, **ganz so wie uns** Joannes de Plano Carpini um das Jahr 1245 den auf **derselben** Grundlage in's Große und Riesenhafte ausgebauten Staat der Tartaren beschreibt.

„Der Großherr (imperator) der Tartaren übt eine wunderbare Herrschaft über Alle. Niemand wagt auf irgend einer Stelle sich niederzulassen, wenn jener sie ihm nicht anweist... Was immer er befiehlt — man gehorcht ohne irgend eine Widerrede. — Und so sehr liegt Alles in der Hand dieses Herrschers, daß Niemand sagen kann ‚das gehört mir oder jenem‘, denn **Alles gehört dem Herrscher, Gut, Vieh und Menschen.**‘“ („B." 55, 4.)

Hören wir jetzt an, was einige Urkunden den böhmischen Landesfürsten selbst über deren Verfügungsrechte in den Mund legen:

Die Gründungsurkunde der Wyschehrader Kollegiatkirche hebt an:

„Notum sit.., qualiter ego Wratislaus.. **quaedam propriae ditionis praedia, iure hereditario a fidelibus et nobilibus concambiata,** — cum omnibus ad haec pertinentibus, — ad ecclesiam.. in civitate Wisegrad... manu potestativa.. contradidi.." (ec 1088. Reg. I. Nr. 175).

1115. Gründungsurkunde des Klabauer Stiftes: Wladizlaus dux... in Oztrou **comparavimus terram ad unum aratrum.** (Reg. I. Nr. 202).

1167. Wladizlaus rex „.. **et quoniam.. ecclesiam** (Lutomislensem) **numerositate villarum dotare non potui, silvam totam** .. usque ad flumen Treboua .. contradidi .." (Reg. I. Nr. 319).

1169. Wladizlaus rex .. hospitali S. Johannis Iherosol. ... assignavi quasdam **villas meas, quas vel** pecunia mea iuste emi, vel iustis ambitionibus mutavi, vel aliis iustis modis secundum iudicium nobilium seniorum Boemiae legitime accquisivi, ut inde subsidium aliquod habere possent . . ." (Reg. I. Nr. 327).

1192. „Premyzl dux . . villam nostram . . quae semper pleno iure ad fiscum spectabat regium . . contulimus . ." (Reg. I. Nr. 412).

1239. Wenczlaus rex . . nostra bona, titulo iusto ad mensam nostram spectantia . . contulimus . . (Reg. I. Nr. 968).

Die böhmischen Landesfürsten haben sich also eine solche Macht, wie sie ihnen Hr L. zuschreibt, nicht träumen lassen.

* *

Wir haben die Prämissen zu Herrn Lipperts Schlußfolgerung auf Echtheit und Gehalt geprüft, und nachgewiesen, daß sie den Urkunden keineswegs treu abgelauscht sind; daß die einzelnen Daten nicht richtig gelesen, noch weniger richtig gedeutet, und am allerwenigsten richtig generalisirt werden; wir haben gefunden, daß der unerläßliche Apparat, den wir der Perle deutscher Wissenschaft, der Agrargeschichtsforschung verdanken, gar nicht in Anwendung gekommen ist: für Herrn Lippert existirt ein Meitzen, ein Lamprecht nicht.

Derzeit gibt es Niemand, welcher der von Herrn Lippert aufgeworfenen Frage gewachsen wäre, er müßte denn ein übermenschlich fleißiger Agrarhistoriker und ein Diplomatiker von Gottes Gnaden zugleich sein.

Der große Mangel an historischem Materiale, welches für die älteste Zeit ausschließlich aus landesfürstlichen Schenkungsurkunden besteht, bringt es mit sich, daß der Schwerpunkt der Forschung ganz im Kartenstudium liegt. Während man sich nun in Deutschland, das an historischen Quellen so reich gesegnet ist, mit Stichproben begnügen kann, muß man in Böhmen das gesammte riesige Flurkartenmateriale sehr eingehend durcharbeiten, um zuverlässige Grundlagen über die Gebiete der einzelnen Kolonisationsstufen festzustellen, und erst in den so erlangten Rahmen können die spärlichen und knappsilbigen urkundlichen Nachrichten an den richtigen Ort, in die richtige Zeit, unter den richtigen Gesichtswinkel gestellt werden.

Dieser Vorgang ist unerläßlich, weil die hauptsächlichsten Urkunden gefälscht, theils zu früh datirt sind. —

Die böhmische Diplomatik ist eine zum Aufbruch überreife Lehde. Herr Lippert will sich freilich auch ohne die Diplomatik behelfen und verficht derart seine geringe Schätzung derselben („B." 3, 3.—4.), daß wir lieber gar nicht darauf eingehen wollen. —

Es hat sich noch keine Hand gerührt, um die empfindliche Lücke auszufüllen, von welcher Palacký vor vierundfünfzig Jahren im X. Jahrgange der böhmischen Musealzeitschrift (1836 S. 340) gesagt hat:

„Sollten wir echte Urkunden bestimmt und gründlich von unechten nicht unterscheiden, so wäre uns zeitlebens nicht möglich z. B. jene vielfachen Veränderungen zu erkennen und zu läutern, welche im Rechtsleben und betreffs der Landesordnung seit dem 10. bis zum 13. Jht sich zugetragen haben; und an einer solchen Kenntniß muß uns doch etwas gelegen sein, wollten wir dereinst zu einer giltigen und wesentlichen Geschichte Böhmens gelangen."

* * *

Herr Lippert kündigt an („B." 1, 1.), daß er an einer „Socialgeschichte Böhmens" arbeitet, und es ist bei seiner seltenen Arbeitskraft anzunehmen, daß er sie bald der Oeffentlichkeit übergeben wird.

Eine „Socialgeschichte Böhmens", welche doch im Herzen der gesitteten Welt liegt, ist gewiß ein dringendes Bedürfniß, da es aber an Vorarbeiten empfindlich mangelt, ein Unternehmen, welches ein exceptionelles Wissen und ein gewaltiges Stück Muth voraussetzt.

Beides besitzt Herr Lippert in hohem Maße und wir bewundern namentlich seine Entschlossenheit, zugleich alleiniger Steinmetz und Baumeister sein zu wollen; dazu gesellt sich seine bestechend vornehme Diktion, so daß nicht zu zweifeln ist, daß sein zu gewärtigendes Buch vielseitig Glauben finden und auch in die deutsche Sociologie auf lange Zeit und tief eingreifen wird.

Sollte aber sein Buch dieselben Gedanken über die „Knechtschaft in Böhmen" enthalten, wie sie in der „Bohemia" geäußert wurden, dann könnte die Kulturgeschichtsforschung auf Irrwege geleitet und in ihrem Fortschritte auf viele Jahre gehemmt werden.

Man bedenke nur, was es für die Sociologie bedeutet, unter der arischen Völkerfamilie ein einziges uranfängliches Knechtenvolk entdeckt zu sehen, ein Volk aller Menschenrechte bar, noch bevor es die ersten westlichen Kulturkeime empfangen hatte; man bedenke, was es bedeutet, diese boden- und grenzenlose Knechtschaft als die „natürlichste" Konsequenz des der ganzen Menschheit ursprünglich gemeinsamen Familienwesens urkundlich „nachgewiesen" zu sehen!

Aus diesem Grunde haben wir uns entschlossen, gegen Herrn Lipperts Darstellung der altböhmischen Volkszustände aufzutreten, noch bevor sie, in Buchform gekleidet, verwirrend wirken könnte.

Prag, am 8. April 1890.